上海教育丛书

特色高中系列

金融素养培育的东昌样式

薛志明 著

上海教育出版社
SHANGHAI EDUCATIONAL
PUBLISHING HOUSE

总　序

　　建设一流城市，需要一流教育。办好教育，最根本的是要建设好教师队伍和学校管理干部队伍。

　　在长期的教育实践中，上海市涌现了一大批长期耕耘在教育第一线，呕心沥血、努力探索，积累了丰富经验的优秀教师；涌现了一批领导学校卓有成效、有思想、有作为的优秀教育管理工作者。广大优秀教育工作者教育教学和管理工作的经验，凝聚着他们辛勤劳动的心血乃至毕生精力。为了帮助他们在立业、立德的基础上立言，确立他们的学术地位，使他们的经验能成为社会的共同财富，1994年上海市领导决定，委托教育部门负责整理这些经验。为此，上海市教育局、上海市中小学幼儿教师奖励基金会组织成立《上海教育丛书》编辑委员会，并由吕型伟同志任主编，自当年起出版《上海教育丛书》（以下称《丛书》）。1995年上海市教育委员会成立后，要求继续做好《丛书》的编辑出版工作。2008年初，经上海市教育委员会领导同意，调整和充实了《丛书》编委会，并确定夏秀蓉同志任执行主编，协助主编工作。2014年底，经上海市教育委员会领导同意，调整和充实了《丛书》编委会，确定尹后庆同志担任主编。《丛书》的内容涵盖了基础教育和中等职业教育的各个方面，包含有较高理论水平和学术价值的著作，涉及中小学教育、学前教育、师范教育、职业教育、校外教育和特殊教育，以及学校的领导管理与团队工作，还有弘扬祖国优秀文化、促进国际教育交流等方面的著作，体现了上海市中小学教育改革与发展的轨迹，体现了上海市中小学教育办学的水平与质量，体现了优秀教师和教育工作者的先进教育思想与丰富的实践经验。《丛书》出版后，受到广大教师、教育工作者及社会的欢迎。

　　为进一步搞好《丛书》的出版、宣传和推广工作，对今后继续出版的《丛书》，我们将结合上海教育进入优质均衡、转型发展新时期的特点，更加注重反映教育改革前沿的生动实践，更加注重典型性、实用性和可读性。希望《丛书》反映的教育思想、理念和观点能起到抛砖引玉的作用，引发大家的思考、议论和争鸣；更希望在超前理念、先进思想的统领下创造出的扎实行动和鲜活经验，能引领当前的教育教学改革工作，使《丛书》成为记录上海教育改革历程和成果的历史篇章，成为广大教师和教育工作者的良师益友。限于我们的认识和水平，《丛书》会有疏漏和不尽如人意之处，诚恳地希望广大读者提出宝贵意见，帮助我们共同把《丛书》编好。

《上海教育丛书》编委会

前　言

　　华东师范大学附属东昌中学，是上海一所以金融素养培育为品牌的市级特色普通高中。回顾近七十年的办学历程，学校一直以来是上海启动国家课程教材改革先行先试的实验校，面对各改革节点，历来都能与时俱进地开展具有里程碑意义的探索。

　　特色高中的创建，是学校回应国家对普通高中多样化有特色发展要求的有益尝试，是保障每位学生"主动自主＋个性特长"发展的实践探索。回望足迹，感慨良多。

　　2009 年，学校基于世界进入"金融时代"的天时之势、学校位于"国际金融中心"的地利之势、教育目标追求转向素质教育的人和之势，主动回应时代发展、学生发展的要求，将金融素养培育定位为学校发展特色。

　　2010 年，《国家中长期教育改革和发展规划纲要（2010—2020 年）》颁布，明确提出要推动普通高中多样化发展，其中特别指出"推进培养模式多样化，满足不同潜质学生的发展需要""鼓励普通高中办出特色"。在此大背景下，学校开始深度探索以特色办学撬动育人模式转型、以金融素养培育撬动学生全面发展的特色创建之路。

　　2011—2015 年，"区域联动建设中学生金融素养校本课程的实践研究""区域联动研发和实施中学生金融素养特色课程的实践""浦东新区高中特色建设深化研究"三个内涵项目滚动研究，构建、夯实学校特色育人的核心支点，推动学校金融素养培育特色内涵式发展。

　　2012 年 4 月，学校成立东昌中学学生金融素养培育区域联动组织（简称"东昌金联"），以东昌金联为主体的稳定多元的金融素养培育组织对于帮助学校教师提升金融专业素养、开发金融特色课程、开拓实践基地等起到了指导性作用和强有力的资源支持。

2012 年 10 月，由学生发起的第一届上海高中生经济论坛成功举办，之后每年举办一届，逐步打造出体现深度自主、强化专业品质、凸显课程设计的上海市高中生学生活动品牌，同"初中生一日金融人"活动共同成为辐射市、区中小学生的品牌活动。

2013 年 9 月，学校金融实验室正式使用，"校内校外、线上线下"联动的金融素养培育实践平台，激活了学生的多种学习方式，开拓了学生的学习空间，促进了学生学习的生动性和有效性，极大地激发了学生的学习热情和动力。

2015 年 2 月，学校正式成为上海市特色普通高中建设项目首批学校，从而站在特色高中建设的新起点上，系统布局学校的课程建设、课程改革、教育教学和师生发展等问题。

2017 年 3 月，学校在市教委、市特色普通高中创建项目组组织的特色普通高中创建学校交流会上综合排名第一，特色高中创建迈出了关键的一步。

2017 年 6 月，学校举行"育金融素养，筑生涯之基"市级展示活动，浓缩式地呈现了学校特色高中创建的重要成果。

2017 年 11 月，学校接受"上海市特色普通高中"初评，以评促建，检验和提升真抓实做的成果。

2018 年 10 月，学校接受"上海市特色普通高中"复评，以充满自信的姿态迎接专家的评估。

2019 年 3 月，学校被上海市教委命名为上海市特色普通高中。

2019 年 4 月，学校进入特色建设 2.0 时代……

这些里程碑式的时间表，记载着学校紧锣密鼓的探索和发展节奏，凝聚着学校在特色高中创建核心领域内的长期实践，渗透着学校在面对难题时"咬定青山不放松"的攻坚精神和在梦想中追求的创新精神。在创建过程中，东昌人感到，特色的确成了学校整体变革的一个触点，比如，在特色内涵诠释、特色课程体系建设、特色教师队伍建设、资源开发与整合等方面都呈现出新的活力，在学校发展道路和育人模式转型方面进行的富有创意的探索，使学校获得了新发展、新突破。

十年磨一剑，东昌"炼金"路。这一路的经历与经验，回答了特色高中创建过程中的诸多难题：学校特色如何植根于学校文化？如何科学地界定特色培育的内涵？如何在办学顶层设计、育人目标、课程体系和资源系统上用力，从而推进学校特色的全面浸润？如何培养特色教师，使之更好地胜任特色课程的开发和实施，确保课程的高质量发展？……答案不是现成的，而是在创建的过程中一一破解出来的，这一过程增进了我们对实践的感情和对理性求证的体验，深化了我们对教育的理解和对学生更多更高层面的热爱。

这本《金融素养培育的东昌样式》传达出来的是我们特色创建过程中的做法和心得。它并不面面俱到，而是撷取了特色创建过程中的关键事件，将肯綮处书写出来。这本书中，有特色创建历程中的情景再现，有攻克难关的理性思考，有富有创见的成果呈现，还有实践过程的研究方法……特色创建的点点滴滴，描摹出了今天东昌中学的发展新模样，然而多少语言都难以尽情展现特色创建这一艰辛而又充满教育幸福的探索之旅。如今呈现在大家面前的，仅是一扇窗，仅能见到一些风景，而无限风光，尽在师生的心中。

回首来时路，请允许我在此感谢上海市教委、华东师范大学、上海市特色普通高中创建项目组、浦东新区教育局、东昌金联成员单位及专家学者对东昌中学一直以来的关怀、指导和帮助，是你们让我们有更清晰的办学方向、更坚实的理论引领和更强大的实践保障；感谢上海教育出版社对书稿的指导和审阅，促使我们用更严谨的态度来梳理特色创建经验，以便更好地前行。

未来之路，仍在脚下……

目录

第一章

遇见"金融"，回应时代命题

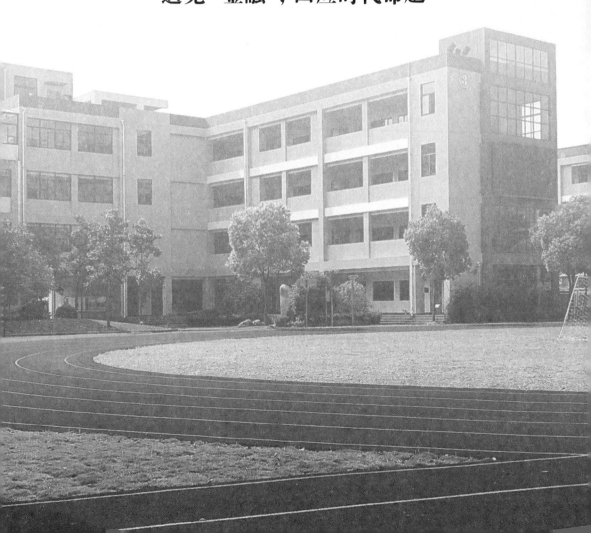

在国家坚定"中华民族伟大复兴战略全局"和世界经历"百年未有之大变局"时期，普通高中必然会面临育人方式变革的新时代课题。学校教育转向培育核心素养、办学模式走向"特色""多元"是上海普通高中未来的战略定位。作为一所建立于新中国成立之初的历史老校，华东师范大学附属东昌中学顺天时，承地利，创人和，选择走"创建金融素养培育特色普通高中"之路，就是在回应这一系列时代命题。

第一节　金融素养培育的天时地利优势

特色教育是要打破办学的同质化模式，建立个性化的学校育人模式。东昌中学的特色教育承担了学校教育的新使命。

一、时代召唤：学校教育的新使命

历史上的金融源于物物交换社会的出现与发展，具有商品经济的"能源性"驱动和杠杆效能。金融现象是发生在一定地域环境中的地域内部和地域之间的物物交换，随着"钱币"成为物物交换的"信物"，交换的环节增多，金融的品种也日渐丰富。金融影响着社会的所有构成要素，除了资本运作的产业之外，对全体公民的影响更为深刻。当经济与技术在一种"供应链""产业链"上共存时，金融的杠杆效能会日益强大。由于全球一体化时代也是"金融时代"甚至某一世界性金融品牌的"霸权时代"，金融改革因此成为新的命题，而对这一命题的回应离不开相应的金融素养。

在世界进入全球金融经济时代后，金融已构成国民经济的基础和核心，成为国家实力的标志和后盾。一个国家的金融发展直接决定其民族的前途和命运。随着时代的进步和社会的发展，我国公民参与经济活动的广度和深度与日俱增，国民的金融素养成为政府、金融从业者和研究者等关注的重要内容。青年一代虽然有望接触比以往更高级的金融产品，但也将面临更多的金融风险。与此同时，来自经济合作与发展组织和某些国家的调查显示，与父母一代相比，青年一代的金融素养更低。"这种不同步对信贷的负责任使用、为未来和退休做充足的资金储备，甚至于青年一代的社会、经济、金融普惠性等方面将产生重大的潜在影响。"由此可见,金融素养不仅是现代公民适应日益复杂的经济世界必备的素养之一,也对国家的金融稳定和经济发展具有重要意义。

2015年,《国务院办公厅关于加强金融消费者权益保护工作的指导意见》指出:"教育部要将金融知识普及教育纳入国民教育体系,切实提高国民金融素养。"随着全球金融经济时代的到来,金融知识、金融能力及金融意识成为现代公民的必备素养,这是学生缔造美好未来的重要保障,教育应在其中发挥基础性、全局性和先导性作用。学校作为国家未来的育人现场,有必要对这一时代命题作出回应。

二、地域特质:东昌发展的新机遇

在高楼林立的陆家嘴金融贸易区内矗立着一座带有俄罗斯风格的建筑,每天清晨,朗朗的读书声从这里传出,这就是东昌中学所在的地域。

东昌中学附近是招行大厦、渣打银行大厦,往西是陆家嘴的三大地标。漫步在校园里,同学们一抬头就会看到"魔都三件套"。环顾四周,一幢幢风格各异的摩天大楼构成了一道独特的风景线,其中很多是金融机构。早晚高峰时,栖霞路上排队买蛋饼、奶茶的也多是金融人士。

1990年,国务院批准设立国家级开发区陆家嘴金融贸易区(陆家嘴金融城),这是上海国际金融中心的核心功能区。2005年,浦东金融业迎来新的发展机遇,以"先行先试"为抓手推动金融创新,加快国际金融中心建设,一大批中外资金融机构落户浦东。除了多家国有控股银行、外资银行、国内地域性和专业性银行之外,东昌中学附近还有上海证券交易所、期货交易所等上千家现代金融机构。此外,陆家嘴金融贸易区吸引了数以千计的高级金融管理与技术人才,陆家嘴人才金港被誉为国内外金融人的成才之地。可以说,陆家嘴金融贸易区不仅是一张中国金融的亮眼"名片",更形成了别具一格的金融文化场,让人时刻浸润在其特有的文化氛围中。

这一地域特质为东昌中学开展师生金融素养培育提供了丰富的人才资源和广阔的实践平台,也为师生金融意识、金融素养的潜移默化和趋向增强营造了良好的文化环境。与此同时,如何基于金融素养培育的必要性就办学的可能性进行有效探索,对一所学校而言无疑是一个时代命题。

第二节　金融素养培育的学校文化基底

特色教育生长在学校文化的土壤里，东昌中学的金融素养培育就扎根于学校几十年来的文化环境和长期的办学实践中。

一、"诚"教育：东昌办学的历史积淀

东昌中学金融素养培育的基底，就是学校几十年来的"诚"文化积淀。"诚"其实是金融素养的"魂"。

在《中庸》全文中，"诚"字出现了25次之多，古人认为心诚意诚，可以陶冶思想性情，提高道德修养。以诚养心，方能求得心灵的安定与身心的和谐，培育一种大中至正的"大丈夫""大先生"风范。"诚"，指"真""实"；"诚"，是东昌中学在长期办学实践中形成的文化基础。

在1954年办学之初，东昌中学要求学生做到"身体好，工作好，学习好"，把自己培养成智、德、体、美全面发展的社会主义建设者。"全面发展的人"是当时学校培养学生的目标。20世纪60年代，学校提倡"尊师守纪""团结友爱"等"规则""合作"教育。到70年代，学校提倡"遵纪守法，注意公德""友爱同学"等"规则""合作"教育。到80年代，学校提倡"团结""守纪""严谨""创新""自觉""秩序井然"等"合作""创新""规则"教育。到90年代，学校提倡"全面推进素质教育""诚信立身""合作发展"等"诚信""合作""全面发展"教育。

2004年至今，东昌中学明确"以诚立校"。2005—2008年，东昌中学确定

"诚而自律，合而共进"发展规划，这是全体师生在贯彻实施"诚"教育的过程中不断总结提升、凝聚集体智慧所逐步形成的，体现了校训"行以至诚"的时代追求。其间东昌中学设计了课题"中学诚信教育研究"，主要从"中学诚信教育概况""诚信与教师教育""诚信与学生教育""诚信与东昌文化"等专题入手，结合"人都是要有点精神的""人都是要有点理想的"等与"十有"相关的思考与总结，全面归纳学校文化建设脉络，目标是使"诚信"成为东昌人共同的价值追求，以及新一轮"和谐"校园建设的精神动力。

2008—2011年，东昌中学在"诚而自主，和谐发展"发展规划中指出，要建立教育质量保障系统，促进学校自主和谐发展。在初步建立的以师生自主和谐发展为目标的"东昌中学师生发展性诚信档案"基础上，学校按照建立教育质量保障系统的要求，进一步完善这一平台的功能，使其能够提供有效、快速的支持。

2011—2015年，东昌中学在"诚而自觉，特色发展"发展规划中指出，要坚持"至诚"的教育理性，依托华东师大和陆家嘴金融贸易区的优势，建设成一所能促进广大师生自觉进步和特色发展的高质量品牌学校。

在"诚而自律，合而共进""诚而自主，和谐发展""诚而自觉，特色发展"办学理念的引领下，东昌中学全体师生努力将"诚"内化为自身的行为品质，并以团结合作的方式促进自身和谐发展。《中庸》云："诚者，自成也，而道自道也。诚者，物质之终始，无诚不物。"几十年的"诚"教育积淀，为东昌中学涵养教育教学环境、提升教育教学质量、落实立德树人的根本任务、形成金融素养培育特色奠定了坚实的基础。

二、行以至诚：东昌办学的精神内核

在东昌的校园内有一块朴实的校训石，上面镌刻着"行以至诚"四个大字。无论教师还是学生，都已习惯于将它视为东昌的标志，以及对自身的勉励。

"行以至诚"是东昌中学的校训。校训是一所学校着意建设的特有精神表征，反映了学校的教育内容、教育过程、教育方法和各种集体活动所着力培植的精神。"至诚"出自《中庸》的"唯天下至诚，为能尽其性"，意思是：只有天下最为真诚的人，才能充分发挥自己的本性。《中庸》将"至诚"与"尽性"联系起来，使"诚"落在"性"上，这里的"性"就是人的"本性"，由人的"心"支配。由此可见，"至诚"是人的本性所为，由心支配，只有心、言、行统一，才称得上"至诚"。东昌中学将"行以至诚"作为校训，实际上强调了以"至诚"去行，要求全体师生在学习、生活、工作中做到心、言、行的统一。

图 1-1　东昌中学校训石

　　那么，什么是"诚"？"诚"就是指东昌人无论在校内还是校外，都能真诚面对自己的心，极力做到对教育科学真诚，对他人心诚，对教育本质虔诚。第一，"诚"之行，是求真。从 1982 年起，东昌中学就开始探索教育教学改革，不仅参与了语文一类教改，还参与了上海一期课改、二期课改。在长达 20 多年的教育教学改革探索中，正是因为有了"诚"的支撑，学校才能坦然面对各种挑战。回首这段历程，其中既有看到教育教学改革取得阶段性突破的喜悦，也有对过去工作进行反思与否定的艰难，更有教育教学改革试验遇到挫折时的痛苦。这是对"真"的追求，是对教育教学改革的"诚"，是始于"心"而终于"行"的选择。第二，"诚"之心，可谓善。东昌中学倡导干群之间"以诚信为基础，以信任为前提，以合作为途径，以和谐为目的"；倡导学校管理应摒弃竞争胜于合作的不良做法，同事之间应摒弃"文人相轻"的不良风气，提出"相信每一位教师都有将工作做好的愿望"这一教师观，不断推进民主管理，使教师之间的关系变得简单而轻松；倡导"朋友式师生交流"德育模式，引导全体师生将"诚"之心放于太阳下，激发心底向善的潜质。第三，"诚"与"行"交融，是美。"诚"与"行"交融之美体现在教育自觉层面,也就是爱的教育。东昌中学将"爱在东昌"视为品牌,每年除了推出"金爱心"教师评选,还举办爱心义卖、"爱在东昌"互助仪式等活动,让师生的"诚"意识在爱的教育中得到升华。

"行以至诚"喻示着教育必须站在立人的高度,以"真诚、真情、真心、真行"遵循学生的认知规律和教育规律,用有效的教育方法实现教育之所能。用一句话概括,就是秉教育"至诚"之性,力教师"至诚"之行,育学生"至诚"之心。这一校训体现着东昌中学的办学理念、教育观点、历史积淀和价值追求等,承载着全体师生的信念,它不仅具有训育和教化功能,还起到了内聚人心、外树形象的独特作用。从本义来看,"行以至诚"是东昌中学办学过程中逐渐明确的价值追求和教育承诺:教育并引导全体师生用"至诚"来衡量自己的一言一行,追求真、善、美的极致。

三、"诚"文化:东昌办学的特色之根

普通高中未来发展和办学改革"分类多样发展"总体战略的落实在于特色办学,而特色办学的重中之重在于特色培育。特色培育往往不可生硬地植入,而应在长期的文化积淀中孕育形成。

"诚"文化是东昌中学几十年来积淀而成的一种文化。"诚"有多种含义。最基本的"诚"是真诚、诚实、诚恳,体现了做人的追求及人与人之间的一种关系。"诚"也指信守承诺、说到做到,也就是诚信,体现为人与人之间相处、企业与企业之间从事经济活动时所遵循的原则。"诚"还可以上升为一种哲学信仰,也就是至诚、忠诚,这种信仰体现为一种责任,体现了人与社会之间的一种关系。在东昌的校园内,"诚"文化既可以体现为教师与教师之间、教师与学生之间、学生与学生之间的真诚、诚实和诚恳;也可以体现为师生为人处世的诚信,如教师对教育教学的诚信、学生对为学为人的诚信等;还可以体现为更高境界的教师对从事教育教学的追求。

在东昌中学,"诚"文化体现在教育教学的方方面面。"行以至诚"的校训、"诚而自觉,特色发展"的办学理念、以诚信教育为抓手的"诚信合作"学校文

化、"以诚立人"的教育理念，是学校育人目标的基础。东昌人全力打造"诚"文化，倡导"诚信、自律、合作"的学校精神，创设"诚信、合作、开放"的教学环境，进而打造诚信办学的品牌。学校倡导"诚实求真有底蕴、师德高尚有爱心、勇于改革有思想、治教严谨有特色、合作进取有作为"的"五有"东昌教师形象，在"教师是学校的第一财富，相信每一位教师都有将工作做好的愿望"的理念指导下，对教师给予真心诚意的理解、信任、鼓励和支持。在校训的感召下，东昌中学的教师针对不断变化的教育对象，主动学习研究，转变教育观念，探索教育策略与方法，创造性地开展教育实践，在实现自身专业价值的同时，自觉追求教师职业的崇高意义。"行以至诚"不仅体现在学校德育模式、课堂改进、教师发展、学校管理等方面，还体现在教师的授课、教研和日常言行中，在与家长积极主动的沟通交流中，在培养具有创新精神与实践能力的下一代的自觉担当中……"诚"文化作为东昌中学精神建设的核心，使师生产生了一种强烈的学校精神认同感、校园文化归属感、文化创建责任感和荣誉感，敦促他们在"立人以诚"的层面开展实践。

金融素养培育特色就是在"诚"文化中扎根生长的。从本义来看，金融是指货币资金的融通，这一活动主要通过银行的各种信用形式来实现。这些信用活动以及在此基础上组织起来的货币流通构成了金融活动的基本内容。因此，金融是基于正常的信用关系，信用是现代金融活动开展的基础，诚信是金融业的灵魂。从这一角度来说，金融所需的"诚信"与东昌的"诚"文化基础紧密相连；从事金融活动所需的金融素养涵盖了诚信意识、规则意识、风险意识和创新意识，其中"诚"是基础，与学校的"诚"文化基础息息相关。"诚"文化便是东昌中学金融素养培育的坚实根基。

第三节　金融素养与核心素养的自然对接

东昌中学的特色教育起源于素质教育改革大潮，在核心素养的发展中真正落地。金融素养与核心素养的自然对接，正体现了特色培育之于学校教育的价值。

一、教育目标追求转向核心素养

素质教育的提出是对应试教育、片面追求升学率现象的有力回应，教育目标追求转向素质教育，为学校特色教育提供了良好的契机。

20 世纪 80 年代后期，我国基础教育改革积极探索并明确提出"素质教育"。1999 年，在全国第三次教育工作会议召开之际，中共中央、国务院颁布了《关于深化教育改革全面推进素质教育的决定》，提出"深化教育改革，全面推进素质教育，构建一个充满生机的中国特色社会主义教育体系，为实施科教兴国战略奠定坚实的人才和知识基础"。

《2009 年上海市基础教育工作要点》提到：要全面贯彻党和国家的教育方针，坚持教育优先发展；坚持全面推进素质教育，立德树人，育人为本，面向全体学生，促进学生的全面发展。

2010 年，《国家中长期教育改革和发展规划纲要（2010—2020 年）》强调要"推动普通高中多样化发展"，意在满足不同潜质学生的发展需要，鼓励普通高中办出特色。《上海市中长期教育改革和发展规划纲要（2010—2020 年）》也强调要"为每个学生的成长、成人、成功奠定基础，形成高质量、多样化、有特色、可选择的发展格局，推动普通高中多样化和特色化发展"。高中教育多样化体现了

"以学生为本"的现代教育理念,其目标指向就是为每位学生提供适合他们的教育。高中教育多样化发展的基础是学校的特色,重要途径之一就是从特色突破。这些文件的颁布不仅为高中学校创建特色提供了政策基础,也为普通高中教育质量的提升指明了方向与道路,更为优质高中特色办学提供了发展机遇。

2016 年,《中国学生发展核心素养》研究成果发布。核心素养指学生应具备的,能够适应终身发展和社会发展需要的必备品格和关键能力,是关于学生知识、技能、情感、态度、价值观等多方面要求的综合表现。中国学生发展核心素养的提出和颁布,反映了新时期经济社会发展对人才培养的新要求,使教育真正实现了人的回归。

在教育目标追求转向核心素养的大形势下,东昌中学紧跟国家基础教育改革的步伐,在总结十多年来校本课程研发实施经验的基础上提出并发展了"金融素养培育",以期通过"金融素养"这个教育支点来撬起学生的全面发展,在满足学生共性发展的基础上实现其个性特色发展。

二、金融素养对接核心素养面临新探索

在东昌中学的发展史上,特别是在五十周年校庆时,曾推出了这样几本书:《追源溯流:1954—2004 华东师范大学附属东昌中学校史》《岁月印痕:1954—2004 建校五十周年纪念文集》《创新之路:1954—2004 建校五十周年论文汇编》。它们从不同侧面记录了东昌中学的发展轨迹和累累硕果。在东昌园丁的爱岗敬业和无私奉献中,在东昌学子的奋发向上和勃勃生机中,东昌发展的澎湃乐章正在谱写。

在此,有必要梳理一下东昌中学"金融素养"的由来及其与核心素养的相关性和相融性。

"金融"通常解释为货币资金的融通或货币资金的流通和周转,是在货币资金盈余者和短缺者之间调剂货币资金余缺。在我国,得到广泛认可的有关"金融"的注释应该出自《中国金融百科全书》:"货币流通和信用活动以及与之相关的经济活动的总称。"金融是对现有资源进行重新整合之后实现价值和利润的等效流通,是

人们在不确定环境中进行资源跨期的最优配置决策的行为，其本质是价值流通。

关于"素养"，《辞海》中的解释为"平日的修习涵养"。我国著名心理学家、教育家林崇德教授指出，素养既包括知识、能力，又包括态度、价值观等。由此可见，金融素养指个人在处理金融事务时的修习涵养，包括知识、能力、态度、价值观等层面的内容。需要说明的是，金融素养和财经素养的英文都是 financial literacy。搜索相关文献可知：在金融监管部门，将 financial literacy 翻译为"金融素养"是主流；2012 年，PISA 中国上海项目组的专家决定采用"财经素养"的译名；2016 年以后，"财经素养"成为教育部门的专用词汇。考虑到学校地处陆家嘴金融城，在地域文化语境下一般称"金融素养"，因此东昌中学将"金融素养"作为特色发展的关键词。

东昌中学从 1954 年建校至今已近 70 年，当年 29 岁的杨葆生同志是学校的第一位校长。1982 年，东昌中学被确定为黄浦区重点中学，并以此为新起点，步入提高与发展、开创与示范、创新与奋进的新阶段。从教改试验新阶段，到上海一期课改开路先锋，再到二期课改成果显著……东昌中学在探索课程改革、全面提高学生素质、关注学生终身发展等方面作出了巨大的努力。浦东开发开放的特征及特殊的地理位置和交通条件构成了东昌中学独特的外部环境和教育资源，充满现代气息的人文氛围陶冶着新时代学子的思想与情操。东昌人秉承"崇德、求实、开拓、奋进"的校风，以"诚信、合作"为基点，处事待人讲诚信，学习工作求合作，本着对自己、对他人、对集体、对国家诚信的精神和合作互尊、共同发展的态度，与学校发展同频共振。在"依托华师大，发展我东昌"策略的指导下，东昌中学绘就了一幅发展蓝图并初步取得了一些成绩——2008 年成为首批浦东新区实验性示范性高中，并在"诚信、合作"文化的基础上探寻和夯实特色发展之路。

这就要求我们将特色办学的支点"金融素养"和国家新政的目标"核心素养"进行逻辑对接。历经几年的深度探索，我们认识到其中的关键就是找到两个素养的内涵，即必备品格和关键能力的相通性，通过学校教育体系的整合，使特色创建服务于育人大业，将东昌金融素养培育的优势与落实核心素养培育的使命融为一体。对于两者的关系，我们将在第二章进行分析与阐述。

第四节　金融素养培育打造发展新起点

如同其校园建筑一样，东昌中学也将悠久的文化传统与最新的教育理念巧妙地融为一体。借助身处浦东改革开放龙头地区的优势，东昌人高举"金融素养培育"的大旗，勇敢地站上了深化教育改革、创建办学特色的新起点。

一、办学新模式的智慧选择和策略定位

学生金融素养培育，从金融专业视角来看，是提高学生理解与金融相关的术语、解决与金融相关的问题的能力，但从学校教育的意义来看，是通过"金融素养"这个教育支点来撬起学生的全面发展。实践证明，东昌中学的机遇在于深化教育改革、提高教育质量。随着学生及家长对享受优质教育的需求迅速增长，大家对位于中国最发达、最开放、最前沿的金融中心城区的学校的教育质量自然也提出了最新、最优、最特等要求。如何满足学生对个性、多元、自主发展的诉求，满足家长对学生综合素养与特殊素养提升的期待，这是一所学校应尽的责任和义务。因此，东昌中学顺势而为，通过特色高中建设之路，提高学校办学质量，以满足学生"综合＋特色"素养提高的教育需要。[1] 从学校发展阶段来看，东昌中学已在一般意义上实现了教育的"优质"，但就更深层次的学生个性化发展与学校品牌建设而言，我们亟待进一步迈向"人民满意的教育"。如何跨越发展高原期，寻找新的突破口和增长点，成为东昌中学未来发展的重要课题。

---

[1] 赵国弟.在特色学校创建中提高教育质量［J］.现代教学，2013（10）：20.

基于此，学校以"诚而自觉，特色发展"为主题，坚持"至诚"理性，努力走出一条东昌金融素养培育的特色之路，并借此不断提升办学品质。可以说，特色是东昌中学发展之机遇。以金融素养培育为特色，通过"金融素养"这个教育支点来撬起学生的全面发展，是东昌中学实现育人目标的策略选择，也是在满足学生共性需要基础上实现个性发展的方式转变，更是学校走向特色办学的发展机遇。

二、借助项目研究促进特色创建

2009 年，金融素养培育从东昌中学 20 多年"诚"的教育实践中破土而出。

除了确立"实现学生全面而特色发展的多元质量，实现符合学生发展规律的绿色质量"的质量观，将学生金融素养培育纳入学校质量文化建设之外，东昌中学还确立了"诚信立身会做人、慎思求进会学习、身强心健会生活、素质全面有特长"的学生培养目标，并将学生金融素养培育融入学生培养目标，通过广泛创设金融实践平台，让学生得以多元发展、特色发展和多维度提升。东昌金融素养培育特色的落地从浦东新区三个内涵项目的滚动研究中可见一斑。

第一个项目是 2011 年 6 月至 2012 年 12 月的"区域联动建设中学生金融素养校本课程的实践研究"，由东昌中学自主申报。

自 2011 年起，东昌中学便立足诚信教育，基于陆家嘴金融城平台，着手思考金融素养培育特色校本课程的整体架构。金融素养培育特色系列课程是在诚信教育系列课程的基础上，通过继承和发展、研发和创新等方式架构起来的"三圈"课程体系，由"外圈""中圈"和"内圈"课程组成，共计 93 门，旨在将学生金融素养培育作为实现学校质量目标的重要途径。

"外圈"课程有 43 门，内容上呈多元化，主要涉及文、史、哲、理、体艺、养生、手工制作等，设置目的是尊重学生的个性特长和满足学生广泛的兴趣爱好，强调学生综合素养的培养。"中圈"课程有 39 门，体现了金融课程的基础性，主要涉及社交、礼仪、辩论、数学工具、语言工具等，设置目的是为培育学生基本的金融素养打好基础，强调"金融素养培育"三大层次基础层的培养。同时，东昌中学对 11 门"内圈"课程进行了重点研发和纲要编制。"内圈"课程体现了金融课程的专业性，主要涉及银行实务、公司运行、金融投资等，设置目的是为培育学生的金融志趣打好基础，强调"金融素养培育"三大层次中间层和顶端层的培养。

作为金融素养培育的核心课程，"内圈"课程分为通识性课程（必修课程）和专业性课程（选修课程）两类。其中，通识性课程包括"金融与社会""60天个人财务分析""采访金融人士"和"中学生职业规划"，专业性课程包括"走进金融博物馆""学生公司""银行实务""生活中的经济学""JA经济学""生活中的理财"和"学做投资"。

一方面，课程研发离不开教师的自觉意识和专业能力，在学校的宣传动员下，近20位教师自愿参与进来。另一方面，金融素养培育特色课程的研发需要较强的金融专业背景，为了充分利用学校周边丰富的金融实践资源和金融人才资源，东昌中学本着开放办学和区域联动的建设理念，经过前期的走访和洽谈，于2012年4月组建了东昌中学学生金融素养培育区域联动组织（简称"东昌金联"）。东昌金联一开始由16家单位组成，东昌中学为秘书单位，成员单位包括政府机构、金融机构、经济与金融类的高校和金融企业主题博物馆。东昌金联的宗旨是"培育和提升东昌师生金融素养"，主要工作内容有以下几方面：（1）指导与推进东昌中学师生金融素养培育特色课程的研发与实施；（2）邀请金融专业人士为东昌师生开设金融道德、金融基础知识、金融实用技能等主题的系列讲座；（3）为东昌中学金融素养培育特色课程的实践提供便利条件；（4）从理论和实践层面提供东昌师生金融素养培育和学校金融文化建设的策略与方法。

第二个项目是2013年1月至2014年6月的"区域联动研发和实施中学生金融素养特色课程的实践"，同样由东昌中学自主申报。其间，学校完成了开放性金融实验室的建设和11门"内圈"课程读本的编写。需要指出的是，11门金融素养"内圈"课程的读本编写历时一年。在华东师大相关专家和金融专业人士的指导下，教师们从课程目标、教学内容、课程实施、课程评价四个维度，对11门课程进行了顶层设计，较全面地把握了每门课程的研发与实施思路，为后续的课程实施打下了扎实的基础。

第三个项目是2014年6月至2015年2月的区级专项课题"浦东新区高中

特色建设深化研究"。经过几年的探索和积累,东昌中学已初步形成以学校教师为主体,由高校教师和研究生及金融机构志愿者组成的学生金融素养培育教师队伍。学校 18 位教师通过全程参与课程研发,依托高校(华东师范大学和上海对外经贸大学)教师一对一的培训和指导,自身的金融素养、课程研发能力、课堂教学水平等都有了很大程度的提升。在此基础上,学校还在东昌金联的大力支持下,招聘金融专业人才和管理人才担任校外辅导教师,开设金融素养系列讲座,指导有特殊需要的师生。

2015 年 2 月,东昌中学正式成为上海市特色普通高中建设项目首批学校。站在特色高中建设的新起点上,东昌人开始系统思考学校的课程建设、课程改革、教育教学和师生发展等问题。当前,世界处于百年未有之大变局,中华民族处于伟大复兴战略全局,人民教育家于漪老师说过:"一个肩膀挑着学生的现在,一个肩膀挑着国家的未来。""双局""双新"是普通高中育人方式变革的新时代命题。"双局""双新"背景下东昌中学金融素养培育示意图如图 1-2 所示。

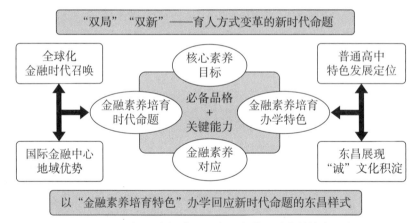

图 1-2 "双局""双新"背景下东昌中学金融素养培育示意图

第二章

立足素养，厚植特色内涵

金融素养培育是一个支点,撬起的是东昌学子的全面发展。东昌金融素养培育不仅浓缩地体现于特色课程群中,更广泛地弥漫于学校的文化氛围中,彰显于育人体系的总体设计中,与国家课程有机融合。

第一节　金融素养培育内涵解读

学校特色的形成是一个渐进的过程。在专业力量的指导下，在不断积累的实践中，东昌人逐渐摸索出学校的办学特色。在此过程中，对学校特色内涵的认识和阐释是深入推进办学特色的关键一环。

一、金融素养培育内涵的界定

金融素养培育内涵的界定非常重要。对东昌中学来说，它具有三个特点：一是浸润性，它浸润在学校的行为准则中，浸润在学校独有的文化中；二是泛在性，它不仅仅是一门学科所独有的，而是蕴含在各门学科中，存在于多种学习形态中；三是传承性，它是对学校文化积淀的传承，是学校教育哲学的体现。东昌金融素养培育内涵的界定经历了一个发展的过程，其中既涵盖了对金融素养的理解，又包括对课程体系的理解。

（一）从二维到三维

对金融素养培育特色的认识、理解和认同，是一个不断深入、发展的过程。在通过文献综述了解了金融素养及国内外实践研究现状后，东昌中学的研究团队引导全体教师不断学习金融本体性知识，深入理解金融本质，同时结合育人目标和各学科特点，组织教师在专家的指导下开展关于金融素养培育内涵的讨论与论证。

2013 年，我们基于对金融素养的理解，将其界定为"中学生应具有的金融知识和有效管理金融资源的能力，以及其未来生活顺利展开须具备的金融意识"。由此可见，东昌金融素养的内涵分为金融知识技能和金融道德意识两部分，其中金融知识技能包括了解金融常识、概览金融历史、了解金融岗位、学习个人理财，金融道德意识包括树立诚信意识、确立规则意识、培育风险意识、发展创新意识。内涵结构图如图 2-1 所示。

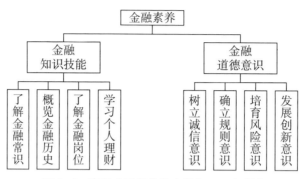

图 2-1　东昌金融素养的内涵（2013 年版）

2017 年，基于金融职业的思维特点及对特色高中建设和高中各学科本质的深入理解，我们增加了金融思维这一维度，旨在架起国家课程与金融素养培育之间的桥梁，将金融素养培育与国家课程各学科所指向的思维培养紧密相连。与此同时，金融素养培育的内涵发展为"中学生应具有的有效管理金融资源的金融基础知识能力，以及其未来生活顺利展开须具备的金融思维和金融意识"。金融知识能力、金融思维、金融意识便是东昌金融素养培育三个维度的内容。如图 2-2 所示，在"金融知识能力"维度，原来的"了解金融岗位"被拓展为"体验金融活动"，内涵更广；"金融思维"维度立足高中生的学段特点，聚焦系统思维、建模思维、关联思维、分析思维，这些思维的培养和提升可通过国家课程多途径地予以落实。

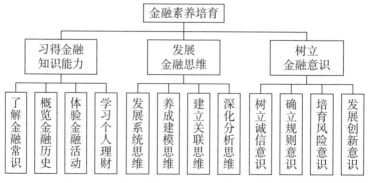

图 2-2　东昌金融素养培育的内涵（2017 年版）

（二）三维内涵的丰富

东昌金融素养培育是通识性教育，面向所有学生，具有普及性和普惠性，也是社会主义核心价值观教育的校本实践，是落实学生全面发展的重要途径。2018年，基于金融素养培育的具体实践，我们再次丰富了东昌金融素养培育内涵的三个维度，如图2-3所示。

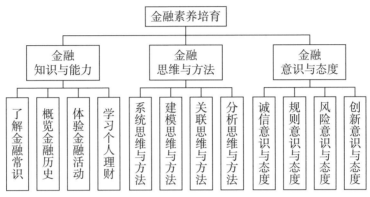

图 2-3　东昌金融素养培育的内涵（2018年版）

1. 金融知识与能力

金融知识与能力包括了解金融常识、概览金融历史、体验金融活动、学习个人理财。通过学习与体验，学生了解了生活中的金融现象、金融和文化的关系，以及时间成本、机遇和风险，掌握了个人理财等技能，懂得了如何运用金融知识与能力去更好地生活。同时，学生了解了职业要求与职业素养、创业与人生，懂得了如何设计职业发展规划，从而培养对职业的好奇、兴趣、选择与决策能力。

2. 金融思维与方法

金融思维与方法是指学生通过对收入与消费、储蓄与投资、风险与保险、财富与人生等金融知识与活动的了解，懂得个体与社会、国家的经济关联，学会根据自我需求和条件，收集信息，对比优劣，合理选择，建立金融活动中常用的关联思维、建模思维、分析思维、系统思维，从而发展整体观。此外，金融思维与方法有助于学生做出决策和制定战略实施计划；深入到现象背后，探寻成因、总结规律、把握发展趋势；从现象中总结规则或规律；借助特定的工具（如思维导图）和方法将自己内在的思维过程建成模型，进行可视化表征。

3. 金融意识与态度

金融意识与态度包括诚信意识与态度、规则意识与态度、风险意识与态度、创新意识与态度，它要求东昌学子形成以下观念和态度：守信是文明社会的基本要求，法治意识与契约精神需要大家共同持守；财富运用能力也是一种伦理价值选择，要用来利己、利他、利国家、利人类、利自然；职业发展规划是自我发展与自我价值实现的人生规划；等等。

金融意识与态度与学生的未来生活和社会参与息息相关，也是对社会主义核心价值观校本化教育的实施。比如通过了解延迟满足和坚持预算来学会自律，通过学习支出和负债管理来培养诚信意识、责任意识，通过体验消费者合法维权来提高沟通能力，通过关注和参与"市场"来培养容忍、接受和应对不确定性的能力等。只有树立了金融意识与态度，学生才能遵守信用，自我保护，建立正确的个人金钱观、义利观、财富观等，培养积极的生活态度，形成基本的独立生存能力和人生规划能力。这些目标恰好与社会主义核心价值观中"公正""法治""敬业""诚信""友善"等价值取向和价值准则不谋而合。

金融素养培育的核心是学生未来发展所需的基本知识与能力、思维与方法、意识与态度，不仅能帮助学生正确处理个人与社会、物质财富与精神财富的关系，逐步树立科学的价值观和财富观，还能引导学生认识职业种类，理解职业要求与职业规划，从而具有基本的人生规划能力，树立初步的职业意识和敬业精神。

东昌金融素养培育内涵从二维到三维的发展，体现了研究者立足校情与高中生培养。随着东昌人对金融素养培育的认识和对特色高中建设的理解不断深入，这一内涵的表述逐渐变得科学严谨，全体教师也在此过程中逐渐形成认同感。东昌金融素养培育内涵的界定体现了学校育人体系、课程体系建设的顶层设计。

二、以金融素养培育撬起学生的全面发展

东昌金融素养培育是在特色课程群的构建中不断发展和凸显出来的。金融素养培育与育人目标、核心素养及关键能力分别是怎样的关系，是东昌人要辨析

的重要问题。

东昌金融素养培育的育人价值是"筑生涯之基、育成人之品、启志趣之门"。我们希望学生通过认识和了解金融，优化思维，提升对社会、世界和人生的认识；通过了解金融领域，将兴趣拓展到社会上其他职业，进而较早地进行人生规划，为健康幸福、富有个性的未来生活奠定基础。

为撬起学生的全面发展，东昌中学将金融素养培育的内涵融入"三会一有"育人目标，通过把金融素养培育与基础型课程有机结合、与拓展型课程广泛整合、与研究型课程深度融合，以及把金融素养培育全面渗透到学生成长系列教育中的方式，使学生具备能够适应终身发展和社会发展需要的必备品格和关键能力，最终成为全面发展的人。

东昌金融素养培育特色育人体系总体设计思路如图2-4所示。

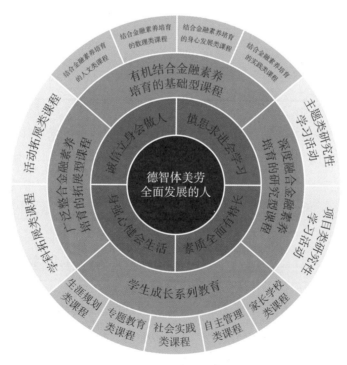

图2-4 东昌金融素养培育特色育人体系总体设计思路图

从内向外看，中央的核心圈是党和国家教育方针中规定的教育目标"培养德智体美劳全面发展的社会主义建设者和接班人",即德智体美劳全面发展的人。

第二圈是东昌中学的"三会一有"育人目标,是对党和国家教育方针校本化落地的具体表述。

一是"诚信立身会做人"。东昌金融素养培育中的金融意识所包含的诚信意识、规则意识、风险意识、创新意识,是处理人与人、人与自然、人与社会之间关系的准则,其中诚信意识是规则意识、风险意识、创新意识的基础。"诚信立身会做人"即金融意识的基础,同《中小学生守则》中倡导的"诚实守信,言行一致,不说谎不作弊,遵守国法校纪,自强自律"相契合。

二是"慎思求进会学习"。我们认为"慎思"与培养学生的系统思维、关联思维、分析思维和建模思维相关联,希望学生能养成基于现实问题的实践导向思维和适应瞬息万变的社会发展的理性应对思维。"会学习"是学生必备的一种关键素养,体现了认知领域和情感目标的整合:有持续追求并坚持学习的意愿和能力,认识到自己的学习需要和学习进程,找到可获得的学习机会,以及为获得成功而克服障碍的能力。"会学习"要求学生具有实践能力和创新意识、创新能力。

三是"身强心健会生活"。我们希望学生身心健康,学会生活,能正确认识自我,有自主自助和自我教育的能力,有调控情绪、承受挫折、适应环境的能力,有健全的人格和良好的个性心理品质,有自理自立的生活能力、高雅健康的生活情趣,有必需的理财能力。"身强心健会生活"与东昌金融素养培育中的金融知识与能力和金融意识与态度息息相关,学生可通过树立诚信意识、规则意识、风险意识和创新意识来达到这一育人目标。换句话说,也就是了解自己、了解学校、了解社会,进而关注社会、关注人类,并在实践中磨炼意志,获得情感的体验,从而提高自己的社会适应能力和社会生存能力。

四是"素质全面有特长"。除了德智体美劳全面发展之外,我们也希望学生面对世界之变、时代之变,不仅具备相应的金融素养,更懂得如何创新观念、规划人生、创意生活,最终成为"素质全面有特长"的现代公民。

第三圈是东昌中学金融素养培育特色课程系统。

第四圈是与课程系统相对应的具体课程类型,这些课程是东昌中学实现育人目标和发展学校特色的主要载体。

育人目标"三会一有"中的"诚信立身会做人"是后三者的基础和条件，其核心是"诚"字，这正是东昌中学特色定位的根基。

三、以素养培育作为金融素养培育的旨归

（一）学生发展核心素养与金融素养培育

普通高中的培养目标是着力发展核心素养，使学生具有理想信念和社会责任感，具有科学文化素养和终身学习能力，具有自主发展能力和沟通合作能力。中国学生发展核心素养是党的教育方针的具体化，指学生应具备的，能够适应终身发展和社会发展需要的必备品格和关键能力，分为三个方面六大素养。

金融素养培育旨在培育中学生应具有的有效管理金融资源的金融基础知识与能力，以及其未来生活顺利展开须具备的金融思维与方法、金融意识与态度。只有厘清金融素养与核心素养的关系，我们才能更好地通过金融素养培育这一支点撬起学生的全面发展。

学生发展核心素养与东昌金融素养培育的关系如图 2-5 所示。

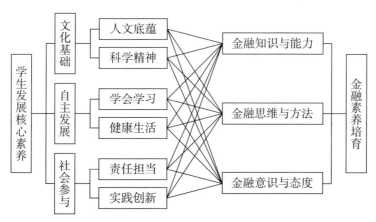

图 2-5 学生发展核心素养与东昌金融素养培育关系图

从上图可知，东昌金融素养培育三个维度的内涵与学生发展核心素养的三个方面（文化基础、自主发展、社会参与）密切相关。

以金融素养培育与发展实践创新素养的关系为例。"从根本上看,实践创新的培养需要与实际生活紧密结合,需要在生活实践中将知识内化和运用,在行为中予以体现。"[①] 实践创新素养是学生发展核心素养框架中的六大素养之一,属于社会参与,包括劳动意识、问题解决和技术应用三个要点。从劳动意识来看,金融素养之"金融知识与能力"维度要求学生能够正确认识钱的来源,认识劳动与收入的关系等。从问题解决来看,金融素养之"金融知识与能力"维度要求学生能够运用相关知识解决实际的理财问题,或通过体验金融活动解决金融方面的问题。金融素养之"金融思维与方法""金融意识与态度"维度也要求学生制定方案解决学习、生活中的问题,并将技术应用的要求内化到个体的实践创新能力中。由此可见,发展实践创新素养可以通过金融素养培育来实现。

（二）学科核心素养与金融素养培育

学科核心素养基于学科本质凝练而成,旨在建立学生发展核心素养与学科课程教学的内在联系,充分挖掘学科教育对全面贯彻党的教育方针、落实立德树人根本任务、发展素质教育的独特价值。学科核心素养是指学生通过学科学习,系统掌握各学科基础知识、基本技能、基本方法,培养能够适应终身发展和社会发展需要的正确价值观、必备品格和关键能力。

以语文学科为例,语文学科核心素养包括语言建构与运用、思维发展与提升、审美鉴赏与创造、文化传承与理解四个方面,具有综合性特点。其中,思维发展与提升是指学生能辨识、分析、比较、归纳和概括基本的语言现象和文学形象,能有依据、有条理地表达自己的观点和发现,能运用批判性思维审视言语作品,探究和发现语言现象和文学现象,形成自己对语言和文学的认识,能自觉分析和反思自己的言语活动经验,提高语言运用的能力和思维的深刻性、灵活性、敏捷性、批判性、独创性……这些思维能力的发展与金融素养培育中涉及的分析思维、关联思维、系统思维等密切相关。

---

① 苏凇,黄四林,张红川.论基于核心素养视角的财经素养教育[J].北京师范大学学报(社会科学版),2019(2):73-78.

　　金融素养培育与国家课程的深度融合，需要挖掘两者的有机结合点。为此，东昌中学教研组就各学科核心素养与金融素养培育的关联展开研究，在学科教学中融入金融素养培育，使正确的价值观、必备品格和关键能力体现于国家课程中。

　　总之，东昌金融素养培育是实现核心素养落地的校本化实施，其育人价值就是筑生涯之基、育成人之品、启志趣之门。

第二节　金融素养培育研究机制构建

一所学校的特色创建需要教师们的积极参与。只有在全体教师中形成特色创建共识，引导他们发挥自己的才智，才能加快推进特色高中建设。回顾东昌中学的特色创建过程，我们正是在龙头课题"基于金融素养培育的特色普通高中建设实践研究"的引领下，通过科学的组织管理架构和运行机制，带领全体教师参与到特色创建中的。

一、课题统领推动落地实践

学校龙头课题的参与人员包括核心研究人员，以及由全体教师组成的六个项目组，覆盖人群较广，这将有效保障并使得课题实践接地气、课题研究有高度。六大课题研究内容与特色创建中的"目标定位""组织管理""课程规划""课程实施""师资队伍""学生发展"等相呼应，较好地实现了特色创建、课题研究的紧密联结和扎实落地。在课题研究的推进过程中，学校组建了多个实践研究共同体，如项目组团队、慕课团队、财经与金融素养测评团队等，以不同角度、不同方式推动落地实践。

作为 2017 年立项的区级重点课题，"基于金融素养培育的特色普通高中建设实践研究"不仅引领东昌中学走过 2017 年 6 月 15 日的上海市推进特色普通高中建设项目现场展示活动、2017 年 11 月 23 日的上海市特色普通高中创建初评、2018 年 10 月 26 日的特色普通高中创建复评，还见证了 2019 年 3 月学校被命名为上海市特色普通高中的重要时刻。该课题源于金融素养培育特色普通高中建设的愿景，与学校的金融素养培育实践过程密不可分。围绕这一区级课题进行研究和实践的三年，正是东昌中学特色创建发展突飞猛进的三年，也是东昌人不断总结、提炼特色创建经验的三年。以下是该课题的研究目标与内容。

研究目标

本课题在学校原有文化积淀、办学理念和实践的基础上，探索基于金融素养培育的特色普通高中建设的目标及路径，创建以金融素养培育为核心的学校特色文化，建设学校特色课程模型及课程体系，构建基于金融素养培育的学校育人模式。

研究内容

1. 基于金融素养培育的特色普通高中建设的目标研究

（1）初步提出金融素养特色学生培育目标。

（2）初步探索基于金融素养培育的特色学校发展目标。

2. 基于金融素养培育的学校特色课程体系建设研究

（1）厘清核心素养与金融素养、国家课程与特色课程的关系。

（2）以金融素养培育为核心，全面梳理学校已开设的校本课程，总结已有校本课程的优势和不足，初步形成学校课程图谱。

（3）初步提出体现特色追求的学校课程愿景、实施策略、发展路径和保障机制。

（4）初步形成学校课程模型。

3. 以金融素养培育为目标的学校育人模式研究

（1）深入思考特色的育人价值，并将其转化为学生的成长目标。

（2）依据学生核心素养培育目标，初步提出清晰、规范而深刻的育人目标，且能对学生发展的共同目标和差异目标作出明确的表述。

（3）依据育人目标及学生发展的共同目标和差异目标，进一步明晰高一、高二、高三不同发展阶段学生的培育内容和路径。

（4）归纳并厘清学校已有各类学生活动的目标与特色育人目标的匹配度和适切性。

4. 在基础型课程中培育学生金融素养的案例研究

（1）厘清基础型课程中体现金融文化、金融意识、金融思维及培育金融素养的要素。

（2）组织学科教师撰写相关教学案例。

（3）组织学科教师进行相关教学展示。

（4）建立体现特色育人目标、可操作、有效度的学生评价和课程实施方案。

5. 基于金融实验室的校园特色系列活动研究

（1）设计基于实体金融实验室的校园特色活动。

（2）设计基于虚拟金融实验室的学生主题活动。

（3）完善"经济论坛之金融嘉年华"和"初中生一日金融人"活动方案。

（4）设计基于金融实验室的冬令营（夏令营）活动项目。

6. 以金融素养培育为核心的学校特色文化研究

（1）厘清金融文化、金融意识、金融素养和金融思维等关键概念的内涵和外延。

（2）在厘清关键概念内涵和外延的基础上，明晰东昌金融素养培育的具体内容。

（3）传承发展学校已有的办学理念，初步提出清晰、规范而深刻的办学理念，在其内涵的表述中体现特色追求。

（4）设计出能较好体现特色追求的学校文化形象或元素。

在该课题的六大研究内容中，特色普通高中建设的目标研究依据国家中长期发展纲要、上海市特色高中建设的指标要求设计，是课题研究的方向和总纲；特色课程体系建设研究是课题研究的核心；育人模式研究的重点是金融素养培育特色的育人价值、育人目标及方式和路径；课程中的案例研究旨在突破金融素养培育与国家课程有机结合的重点和难点；基于金融实验室的校园特色系列活动是聚焦金融实验室做大做强学校品牌活动的有效载体；学校特色文化研究则为实践研究的开展提供了有力保障。由此可见，龙头课题预判了特色创建过程中的重难点，与后续的特色创建工作紧密相连。

二、组织架构引领全员参与

组织架构是机制运行的载体。2015 年 6 月，东昌中学举行特色高中创建启动仪式，明确了以"五环节六小组"的工作机制来确保特色高中创建的全面推进。"五环节"指从发起到组建再到开展实践研究，共分为五个环节，即学习研讨、宣传动员、组建团队、明确任务、全员参与。"六小组"指根据研究任务的不同侧重点，在全体教师中创建六个小组，即学校文化组、学生导航组、教师发展组、课程规划组、课程实施组、资源保障组。

如图 2-6 所示，每个项目组均有负责人、研究组长、秘书。一般情况下，负责人由分管该条线的领导和擅长该领域的学术领军人才组成；研究组长为学术人才，负责对该项目子课题展开实践研究；秘书负责资料收集、情报综述整理、会议记录等。每个项目组的组员由全体教师根据自己的兴趣、特长及岗位特点需求选报组成。

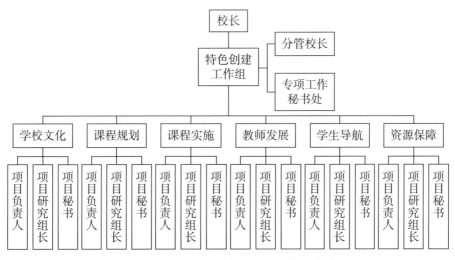

图 2-6　东昌中学特色普通高中创建组织架构图

六个小组成员职责明确，分工合作，最终形成研究实践共同体，共同分解了龙头课题的实践研究任务。六个项目组的子课题与研究目标如表 2-1 所示。

表 2-1 东昌中学六个项目组的子课题与研究目标

项目组	子课题	研究目标
学校文化组	"构建培育金融素养学校特色文化的实践研究"	在全面回顾东昌办学理念和学校文化的基础上,初步提出体现特色追求的办学理念和学校文化
课程规划组	"探索基于核心素养、凸显金融素养的学校课程体系的架构"	初步形成学校课程模型
课程实施组	"在基础型课程中挖掘金融文化、培养金融思维的案例研究"	初步提出基础型课程教学与金融素养培育有机结合的案例
教师发展组	"以分层分类方式促进教师全面而特色发展的实践研究"	初步提出不同层次教师群体和个体的培养目标和途径
学生导航组	"培养具有金融意识的现代公民——东昌中学创新育人模式的探索"	初步提出能适应未来生活的合格公民的育人目标
资源保障组	"设计基于开放性金融实验室的校园特色系列活动的方案"	初步设计出基于金融实验室的校园特色系列活动

"五环节六小组"的工作机制是以课题项目统领实践研究,从而推进学校的整体发展。在特色创建顶层设计的推动下,每个项目组基于各自的研究任务,或召开研讨会,或进行针对性实践,或分工合作研究,体现了"自上而下"系统设计与"自下而上"基层实践的双向互动。在实践中总结经验、提升经验,进行系统架构,完善各种方案,是对教师研究能力的一种考验。交流碰撞、破立结合、不断打磨的过程激发了教师们积极实践的动力,进而促进了新一轮实践的开展。

2017年初评结束后,基于专家在评估报告中指出的主要问题,各项目组明确了下一阶段需要着力推进的主要任务。以学校文化组为例,该项目组首先制作了如表 2-2 所示的阶段性任务设计表,接着便紧锣密鼓地展开任务驱动下的研究和实践。

表 2-2　东昌中学学校文化组任务设计表

项目组	主要任务（形成文本，如方案、计划、案例集等）	要求	完成时间	备注
学校文化组	进一步厘清特色发展定位与育人目标的关系：全力打造学校"诚"文化；进一步明晰体现金融素养培育特色的育人目标；进一步明晰金融素养与核心素养及关键能力之间的关系	完善	2018 年 6 月 30 日前	
	对学生金融素养培育中国际化元素的思考与实践：收集国际和国内关于学生金融素养培育的做法及评估方面的文献资料；梳理学校已开展的国际交流活动中的金融素养元素；梳理国际学校中有关金融素养培育的课程和教学资源	新增	2018 年 7 月 30 日前	协同课程规划组
	金融素养特色文化环境建设的设计方案：开展"我为学校发展献一计（金点子）"征文活动；梳理学校文化环境建设现状，进一步设计校园特色文化的显性符号	新增	2018 年 7 月 30 日前	
	汇编学校发展的成果集：梳理近十年，特别是近三年来学校在相关领域开展的课题或项目研究及学校特色建设获得的市区级及以上的荣誉及奖项	新增	2018 年 7 月 30 日前	

根据初评报告中专家提出的指导建议，结合龙头课题的实践研究进度，学校文化组制定了《关于评估报告中专家提出的主要问题和建议的推进任务工作方案》，明确了下一阶段的主要任务：首先，要进一步厘清特色发展定位与育人目标（全力打造学校"诚"文化，进一步明晰体现金融素养培育特色的育人目标，进一步明晰金融素养与核心素养及关键能力之间的关系）的关系；其次，要对学生金融素养培育中国际化元素进行思考与实践（收集国际和国内关于学生金融素养培育的做法及评估方面的文献资料，梳理学校已开展的国际交流活动中的金融素养元素，梳理国际学校中有关金融素养培育的课程和教学资源）；最后，要制定出金融素养特色文化环境建设的设计方案（梳理学校文化环境建设现状，进一步设计校园特色文化的显性符号）。

以任务三"金融素养特色文化环境建设的设计方案"为例,学校文化组将其分解为"梳理学校文化环境建设现状"和"协助设计校园特色文化的显性符号"。随后,项目组发布了"我们的金融园"校园环境创意设计大赛召集令,引导教师思考如何在校园环境布置中实现"金融素养"可视化。教师们可以针对校园内任何建筑、道路、绿化、景观及各类学习、活动场所和设施,制定整体或部分区域的设计方案,并就具体细节提出自己的设想;既可以独立设计,也可以采取小组活动的形式,目的是使东昌校园呈现出金融素养培育的视觉特征,充分发挥环境的教育功能。可见学校文化组的校园环境创意设计大赛起到了催化剂的作用,有力地带动了东昌教师积极投身校园文化建设。

三、双线并行促进功能互补

在实践研究的组织建设方面,东昌中学采取双线并行的方式:一是行政管理条线,由校综处、教学处、德育处、发展处等职能部门带领教师开展教育教学实践;二是学术管理条线,即六个项目组针对四个职能部门所开展的各类实践,围绕特色普通高中创建进行相应的梳理、研究,不断形成阶段性成果,并为职能部门的下一步行动提供意见和建议。如表2-3所示,校综处对接学校文化组、资源保障组,教学处对接课程规划组、课程实施组,德育处对接学生导航组,发展处对接教师发展组。职能部门与项目组互相支持,互相补充,实践与研究双线并行,形成了良好的互动关系。

表2-3 东昌中学特色创建实践研究双线并行表

实践研究目标	职能部门	项目组
特色定位 组织管理 校园建设 资源保障	校综处	学校文化组 资源保障组

（续表）

实践研究目标	职能部门	项目组
课程规划 课程实施 教学常规 教学改革	教学处	课程规划组 课程实施组
生涯规划辅导实施	德育处	学生导航组
教师发展 学校发展 教育教学科研 社会资源开发	发展处	教师发展组

　　以教学处和与之对应的项目组为例，教学处的两位主任分别领衔课程规划组和课程实施组，充分发挥了行政管理和学术管理的协同作用。

　　课程规划组负责对全校课程进行整体规划，根据顶层设计不断开发特色课程，同时搭建科学、合理的课程架构，使其能够回应特色高中的育人目标。在学校特色课程群达到一定规模后，课程规划组又在惠及全体学生的基础上进行课程分层设计，并在拔尖课程不足的情况下，与华东师大经管学部合作开展"DC金融优才班"项目活动，旨在培养具有一定研究能力的拔尖学生。此外，课程规划组还不断推进和完善能够持续提高课程品质的保障机制。

　　课程实施组的成员则多为学科教研组长，侧重于探索金融素养培育与各学科课程的有机结合点，以及与拓展型课程、研究型课程之间的关联，并在课程中有效渗透，形成一定的经验。课程实施组的主要职责是引领全体教师积极推进课堂教学改革，基于金融实验室特色课程的实施与改进是该项目组的关注重点。

第三节　金融素养培育"诚"文化场营造

校园文化是学校内涵的体现,体现了师生日常行为中的价值追求和行为范式。营造学校文化场,增强其在环境建设与营造中的表现力,可以提升学校文化力,提高师生践行与传播学校文化的行动力。"诚"文化是东昌金融素养培育特色的根基,多年来东昌人在"诚"文化场的营造上下足了功夫。

一、一日一新培育"诚"文化

基于办学实际和可持续发展的需要,基于对长期办学实践的传承与创新,基于对时代发展和学生发展的主动回应,东昌中学提出了科学的办学理念、办学目标和发展思路,以金融素养培育特色树立学校发展愿景,用文化和理念引导师生价值取向,用规章制度规范师生日常行为。此外,东昌中学还通过校园文化环境创设来宣传特色培育与师生发展现状,彰显学校的办学思想与价值导向。

（一）校园文化环境创设

在校园文化环境创设方面,东昌中学注重将特色元素融入环境布置和升级改造,从文化角度阐释金融素养培育的内涵,在潜移默化中增强师生的理解与认同。

例如,在栖霞路校区一号楼、五号楼的墙面推出特色教师成果简介及高中生经济论坛等特色活动介绍,以展板形式对特色课程及其实施进行展示,并通过布置宣传橱窗、上架大量金融类书籍,增进师生对金融素养培育的了解和认识。综观东昌中学关于金融素养与"诚"文化的环境创设,共有可视化项目40项,其中固定项目13项,长期项目19项,短期项目8项。这些宣传内容主要集中在一号楼内部及其周边和五号楼内部两个师生活动的主要区域，有利于东昌人在"耳濡目染"的文化环境中受到良好的熏陶。

再如，在浦泽路过渡校区一号楼入口处将所有教师的照片组成巨幅心形图案，彰显"爱在东昌，诚留我心"的价值观；在三楼的墙面与楼梯口设置介绍金融素养培育理念的宣传版面，对学校的办学目标、发展思路、育人目标、育人体系、教师"五有"专业形象等进行展示；在图书馆外的墙面布置"名言警句"展板，在潜移默化中培养师生"立身以立学为先，立学以读书为本"的精神；在三号楼、五号楼教师办公室外的墙面展示师生的素描、彩绘作品，凸显学校的文化与艺术气息；在三号楼各层转角处设置"红色文化"宣传橱窗，引导学生厚植红色基因，树立正确的价值观。

在校园文化环境创设中凸显"诚"文化，将促使东昌师生崇尚诚信，追求诚信，实践诚信，弘扬社会主义核心价值观，增强责任意识，从点滴做起，从自身做起，以积极的态度对待工作、学业和生活。

（二）校园文化载体建设

校园文化载体建设具有引导性、熏陶性。随着金融素养培育的不断深入，东昌中学开发出一系列具有持续性的、师生广泛参与的特色文化活动载体，如通过东昌论坛、微型讲座对全体师生进行金融知识与能力、金融思维与方法、金融意识与态度方面的培养，使他们对特色培育有了更为广泛的认同。此外，学校还通过软载体，如"我们的金点子""我们的炼金之路"等征文形式，挖掘教师关于特色培育的智慧，推动他们积极投身教育教学，并逐步形成特色创建理论，不断丰富特色创建实践。校园网主页发布的通讯报道和官方微信公众号推送的活动信息，不仅强化了师生对于学校文化的高度认同，还激发了他们"爱在东昌"的真挚情感。

校歌以音乐的形式来表达学校的整体形象，凝聚并传递着学校的精神文化。学校文化组负责协助设计校园特色文化的显性符号，校歌的再创作就是其任务之一。东昌中学曾有一首经久不衰、振奋人心的校歌：

浦江东去，明珠闪光，漫天彩霞照我东昌；绿荫红瓦，鸟语花香，师生同堂书声朗朗。

浦江东去，明珠闪光，漫天彩霞照我东昌；崇德求实，自立自强，开拓奋进神采飞扬。

东昌东昌，可爱的校园。啊，你就在太阳升起的地方……

这首诞生于20世纪90年代的校歌，曾伴随东昌人走过了一段朴实奋进的时光。如何在新的校歌中融入金融素养培育特色？如何让学生在传唱校歌时感受到学校的文化根脉和发展烙印，从而燃起厚植家国情怀、勇担时代使命的热情？校歌的词曲作者为此费了一番心思。歌词作者杨老师认为，应该将学校优越的地理位置及紫藤花开、学子六驾、闲亭等标志性景观融入歌词，并通过"行以至诚"的校训、学生成长系列课程等元素将"爱在东昌"的情感推向高潮。根据杨老师的歌词，黄老师创作出优美抒情的旋律，大气的音乐风格仿佛让人看到了陆家嘴金融区的繁华景象，感受到时代的步伐与学子的朝气。如今，无论是在学校的重大活动中，还是在日常的校园生活中，都可以听到这首校歌，它是东昌中学发展新起点的象征，是全体东昌人认同并充满依恋的符号：

浦江畔繁华的金融区，有宁静的校园东昌。陆家嘴林立的大厦间，回荡着书声朗朗。

看紫藤花开花落，任闲亭云栖云翔。学骏马四方纵横，追青春学子飞扬。这是我们美丽的东昌，这是栖霞路上的韶光。

爱在东昌，爱在东昌，行以至诚，训导有方。爱在东昌，爱在东昌，健康成长，有你护航。

此外，东昌中学还通过设计、使用其他多种文化载体，努力营造特色文化的氛围。例如：组织师生观看"感动中国年度人物"等节目，进行"传递凡人大爱，弘扬时代精神"等主题宣传，激发教师爱岗敬业的热情；开展"追源溯流谋发展，日出东昌谱新篇"等系列活动，让"爱"与"诚"的文化在一代代东昌人中传递、发展；举行"金爱心"教师评选、"爱与成长"主题大会、拜师学教仪式等，增强教师的职业荣誉感，让其一言一行发挥润物细无声的功效。

二、一言一行彰显"诚"文化

（一）立教以诚

东昌中学倡导"坚守教育本质的那一片'至诚'"之理性，强调每个人在"诚信"基础上的行为自律和人与人之间的真诚合作。一是明确"为了学生未来健康生活而教育"的教育观和"实现学生全面而特色发展的多元质量，实现符合学生发展规律的绿色质量"的质量观，要求全体教师正确处理当前与未来、全面发展与个性发展的关系，把握好学生的认知规律与身心发展规律，将满足学生的升学期待和未来健康生活结合起来。二是确立"相信每一位教师都有将工作做好的愿望"的教师观和"相信每一位学生都有学习好的潜能"的学生观，促使全体教师去了解学生的品行习惯、学习能力及对未来的追求，明白"相信学生是前提，鼓励学生是主要方法，提高自己的人格魅力和专业影响力是重要途径"。

为使学生在实现近期升学目标的基础上获得更丰富的学习经历，东昌中学强调教师在教学过程中尤其要发挥学科课程的文化育人功能，即结合学校"至诚"之理性所延伸的教育价值，使学生成为有知识、有文化的人。在东昌中学"诚"文化的氛围中，教师以身立教，以德育德，立足课堂，处处渗透"诚"的教育。比如深入研读教材，挖掘教材中与"诚"相关的资源，积极探索这类教育资源与学科教学的有机结合点，发挥学科的德育功能。又如在创设情境、评价过程中渗透"诚"的教育，多维实现"诚"的有效落实。在德育工作中，教师更是将"诚"意识的培养放在首位。可以说，教师是东昌中学"诚"文化的缔造者、践行者、传承者。

许多教师至今对第 80 期东昌论坛记忆犹新，这次论坛的主题是"薪火传'诚'，不忘初心"，四位主讲人分别以"忠诚""赤诚""热诚""真诚"为关键词，将四名教师代表的故事娓娓道来。诚，是一种信仰，是一种态度，是一种力量。这次论坛看似是由年轻教师讲述老教师的故事，其实真正描摹的是忠诚、赤诚、热诚、真诚的东昌教师群像。

（二）立人以诚

从 2005 年起提出"朋友式师生交流"德育模式，到 2008 年以学生成长计划为载体展开德育工作，之后开发、建设学生发展导航系统，再到如今开发、实施成长系列课程，这些都是基于东昌的"诚"文化展开的。首先，这样的学生教育以真诚互信为基础，与学生建立良好的朋友式关系正是教师开展德育工作的前提。其次，通过从学生成长全方位入手，在学业发展、个性和社会化发展及职业生涯发展等方面给予指导，教师与学生的交流沟通成为常态。

东昌中学在育人目标、学生手册及学生行为规范中多次提及鼓励和培养学生的"诚"。《东昌中学学生成长指导手册》对学生提出的第一条要求就是"努力做一个诚信立身的人"。具体地说，就是希望学生以仁爱友善之心对待身边的人，学习时养成知之为知之、不知为不知的诚实精神，以诚信作为行为的准则，以人际和谐作为自己的追求，体现"行以至诚"校训之境界。

除了加强纪律教育和行为规范教育之外，东昌中学还开发并实施了一系列诚信教育活动，要求每位学生做到"九个一"：参与一次诚信宣誓，修学一门诚信读本课程，记录一次自己的诚信事例，收集并主讲一个诚信小故事，编写一句诚信格言，参与一次诚信主题班会，撰写一篇对诚信价值认识的体会，参与一次诚信宣传活动，参与一次诚信主题纪念活动。以2022年的诚信宣誓活动为例，升旗仪式结束后，48名申请诚信考场考试的高一、高二学生举起右手，庄严宣誓："我承诺：认真努力，积极复习应考。自觉自律，维护考场纪律。自尊自爱，捍卫考场公正。诚信考试，倡导优良考风。"随后，高二（8）班朱同学作为宣誓学生代表，发表了以"积极备考，诚信考试"为主题的演讲。她认为，诚信自古以来就是中华民族的传统美德，东昌学子不仅要具备积极进取的人生态度，更应拥有诚信做人的立身之本。最后，朱同学还提出了三个复习备考建议：正视考试，适度紧张；制定合理的考试目标和科学的复习计划；劳逸结合，注重睡眠。

在诚信宣誓的基础上，东昌中学注重构建诚信考试控制体系，建立考试过程管理机制，不仅突出诚信理念，还通过严格程序和规范操作来引导学生敬畏诚信、树立诚信、体验诚信。在此过程中，学生们明白了诚信是立身之本，唯有诚信待人、诚信做事，人与人之间才能相互支撑、相互理解。

除了设置奖学金奖励、德育综合奖励之外，东昌中学还在"东昌之星"下设立了"诚信之星"。对于还需努力的学生，学校会对照学生违纪处理条例及时提出要求。"学生发展性诚信档案"就是记录学生诚信的重要途径，它涵盖了学生的基本情况、诚信品行、学业发展和个性特质发展等信息，包括记录、归纳、统计和多元评价。该档案的建立过程就是学生不断反思、修正的过程，它为学生提供了发现、展示和肯定自我的空间。

东昌人"诚"的信念和"诚"的行为就这样被激发了出来。

第三章

优化课程，筑基特色之路

在时代变革的深刻背景下，东昌人深知"教育的最终目的是培养未来人才，学校需要有前瞻性"，敏锐地抓住特色培育的契机，基于学生发展的需要，呵护学生的兴趣，因势利导，逐步从金融素养培育特色定位走向特色发展，进而将特色做实做强。

第一节 金融素养培育特色课程的发展历程

东昌金融素养培育从最初"点"上的局部建设，逐步发展到特色课程群的分层设置和实施，通过三圈架构，不断优化课程体系，其中既有数量上的积累，又有质量上的提升。同时，东昌中学还借助金融实验室、研究性学习、生涯规划等平台，助力学生金融素养的有效培育。

一、金融素养培育特色的萌芽

东昌中学金融素养培育特色的萌芽源自一个契机。政治教研组长杨老师曾有一个"金融教育梦"。自踏上教育岗位以来，他一直在思考：教师的价值在哪里？除了上好课之外，教师还能为学生做些什么？怎样基于孩子们未来的健康和幸福生活去教书育人？他想到可以利用学校的区位优势，开设一门具有东昌特色的校本经济类课程，培养学生的金融理财意识，提高学生的财商。在上海市第二期"双名工程"培训中，杨老师了解到国际青年成就组织（Junior Achievement，简称 JA）及其"青年理财"课程。由此，东昌中学成为浦东新区第一个与 JA 合作在高中阶段开设"青年理财"课程的学校。在 JA 的支持下，东昌中学与来自新加坡淡马锡控股投资公司的团队一起制定了授课计划和活动方案。JA 志愿者们坚持理论与实践相结合，其言传身教大大激发了学生对金融理财的兴趣。这一课程后来被学生推选为校本明星课程。

2010 年，东昌中学与 JA 合作，引入"JA 经济学"课程。2011 年，学校又相继开设了"学生公司"和"银行实务"两门课程。随着特色课程的开发和实施，一个实施 JA 经济课程的校内团队由此形成。杨老师的课题"与 JA 合作开发和实施具有东昌中学特色校本经济课程的探索"也被列为上海市"双名工程"课题。2011 年起,学校开始考虑建立东昌金融素养培育特色课程体系,其间不断有语文、数学、英语等其他学科教师加入进来。就这样,东昌人以区级课题及项目的形式,从目标导向式研究逐步走向滚动式实践研究。

在此过程中,东昌中学成立了东昌金联,创建了金融实验室,并成功举办了高中生经济论坛,学生公司社团还获得了 JA 颁发的"最有创意学生公司"奖项。许多学生开始关注金融理财,准备报考金融财经类大学。

二、金融素养培育特色的发展

（一）从学校特色到特色学校

东昌中学自 2009 年定位金融素养培育特色以来,历经三个内涵项目的滚动式发展,于 2015 年成为上海市特色普通高中建设项目首批学校。

其间,学校建立了较为完善的特色创建工作机制(五环节六小组),构建了培育学生金融素养的特色课程群,形成了在市、区层面越来越有影响力的特色品牌活动和基于特色课程的主题实践活动,创建了开展实践体验活动的特色学习环境(开放性金融实验室),设计了体现金融素养培育的学生评价特色指标。当然,困难也是显而易见的,比如:要厘清办学理念、创建目标、育人目标、特色课程目标之间的关系;要明确什么是素养,以及核心素养和金融素养的区别;等等。学校的特色创建就在不断破解难题的过程中走向深入。

1. 金融慕课建设

2016 年,东昌中学启动金融慕课的开发,力求在一年内形成适用于中学生的特色、多样的拓展型和研究型课程资源,提升学生在信息化环境下的学习能力,引导他们充分利用网络课程资源拓展学习时空,转变学习方式,培养良好的网络学习习惯。另一方面,金融慕课建设能培养信息技术与教育教学深度融合的师资队伍,提升教师在信息化环境下的教学设计、实施与评价能力,为课程团队和慕课专家搭建对话和研讨的平台。在上海对外经贸大学多位专家的指导下,学校先期进行了"身边的货币""身边的财务信息"两门慕课脚本的撰写和视频制作。

2018 年，根据上海市特色普通高中评审专家组的意见，在前一期金融慕课的基础上，东昌中学组织教师团队对慕课脚本进行修改，然后聘请专家对修改后的脚本提出指导建议，接着再次修改，并且后续又开发了"身边的风险""身边的金融机构和工具""身边的财富管理"三门金融慕课。制作慕课视频时，青年教师注重运用新的课程载体，使用生动有趣的数字画面，寻找可实现线上线下课堂互动的方式，为学生学习方式的转变提供环境、资源支持，使课程的趣味性、生动性大大提升。

这五门金融慕课内容贴近学生，可视化和互动性强，使用起来非常方便，目前已入选上海市知名高中金融慕课平台，并被列为浦东学生金融课程，在"浦东德育"公众号中连续推送。

2. 金融读本修订

在三个内涵项目滚动研究期间，东昌中学还完成了 11 本金融素养培育读本的编写。随后，学校组织 33 名区骨干教师对读本进行修订，其中包括对课程内容、课程实施等模块进行更新。修订后的读本更突出学生的学和师生互动，强调可读性和可视化，增加了一定的学习活动，在质量上有较大提升。

以"走进金融博物馆"课程的开发与修订为例。该课程开发于 2013 年 9 月，2015 年 3 月至 6 月先后修订两次，第三次修订是在 2017 年 7 月。据参与三次修订的杨老师回忆，这项工作让她从一个"金融盲"开始了一段全新的学习。"先在网上搜索各类金融机构、博物馆的信息，然后阅读各种参考文献，挑选出学生可能感兴趣且适合他们了解的知识，再编译一些填空、连线、选择等学生易于接受并愿意操作的题型，拟定一些值得学生思考的金融问题……课程的第一轮开发可谓跌跌跄跄、边学边做。"杨老师坦言，尽管课程从形式上看有模有样，但受限于自身的知识储备，选编的内容还是比较简单，属于识记类内容，并不能真正满足感兴趣、想探究的学生的需求。好在上海对外经贸大学的专家们在第二轮修订时提出了许多宝贵的建议，这让杨老师感受到一种"背靠大树能乘凉"的安全感，特别令她受益的是专家提出可以通过一些学生熟悉的现象、例子，甚至影视资料帮助他们理解和应用。第三次修订时，杨老师还加入了概念图，让实施课程的教师对每一个模块的教学目标和任务有了清晰的了解。由此可见,历经四年的三次修订,既让教师走出"无知",与学生一起了解更多金融历史与人物;又让教师走向"未知",尝试在有限的知识储备下解释和分析相关的金融事件和信息。

3. 特色创建进阶

2017年3月,在市教委基教处、市特色普通高中创建项目组组织的特色普通高中创建学校交流会上,东昌中学的代表回顾了成为项目校以来所做的工作及取得的成效。

2017年6月,由市教委基教处、市特色普通高中创建项目组、浦东新区教育局主办的"育金融素养,筑生涯之基"上海市推进特色普通高中建设项目展示活动在东昌中学举行。200多位嘉宾走进东昌的校园,体验金融素养培育特色文化,观摩特色课程课堂教学,并就特色普通高中建设项目进行研讨交流。

市级展示活动掠影

独树一帜的"一带一路"校园体验活动首先给人留下了深刻的印象。嘉宾们一进校门,就收到了东昌学子准备的特别礼物——学生公司社团自主设计的集书法、篆刻、绘画艺术于一体的纪念版环保袋、价值186东昌币的红包和活动指引册。由高一学生自发报名组成的引导员团队赋予了"一带一路"新的意义,即在学生的带领、引导、介绍下体验、感受东昌中学的特色文化。

学子六驾前,校合唱团演唱了由东昌教师谱曲填词的校歌《爱在东昌》;水杉林间,学生社团摄影展"视觉·东昌"令人眼前一亮;操场上,在各大型艺术类活动中屡获佳绩的音乐队的演奏引来嘉宾的阵阵赞叹。

在有关金融素养培育特色课程介绍的展板前,嘉宾们驻足观看,对东昌中学的金融素养培育特色理念及金融类课程、活动有了大致的了解。不少引导员还向嘉宾介绍了自己选报的课程及参加的特色活动,并对金融课程的体验感作出了高度评价。

东昌学生社团作为"为了学生未来健康生活而教育"的大熔炉,也是此次展示活动的一大亮点。嘉宾们纷纷用手中的东昌币购买了社团产品,操场上人头攒动,热闹非凡。

体验活动结束后，嘉宾们凭借一路收集的活动章，免费兑换了学生公司自行设计并发行的纪念邮册。有的嘉宾将未使用完的东昌币自行收藏留作纪念，有的嘉宾则选择到捐赠处捐赠，并获得了捐赠证明和学生公司设计的纪念书签。后续学校将把东昌币兑换为人民币（1元=10东昌币）捐赠给上海市慈善基金会。

下午，教师代表向与会嘉宾呈现了12节不同类型的教学展示课。在金融类研究性课题汇报现场，主述者落落大方、清晰有序地展示了课题组的研究成果。在最后的答辩环节，评委们充分肯定了课题的研究价值与实践意义，并提出了一些改进的建议。

此次市级展示活动是东昌中学迈向上海市特色普通高中初评和复评的重要一步。幸福，向上，嘉宾们的所见所感正是东昌学子校园生活的缩影。

2017年11月，经专家组材料审核和现场评估，东昌中学的初评得分为94.6分（分项指标）+9.6分（创新与亮点），专家组投票结果为B。2018年10月，学校接受复评。2019年3月，东昌中学正式被评为上海市特色普通高中。

（二）特色课程群的建设和发展

1. 数量上的积累

东昌中学的金融素养培育特色课程建设遵循"由点及面"的思路。2011年，学校开设特色课程"学生公司"。在一些教师眼中，金融素养培育的显性化是伴随着学生公司社团的成立而来的。随着学生公司社团不断在各大活动中显山露水，比如体育节时在校园一角有序地出售饮料、方便面等商品，社团活动开展得如火如荼，在校园中的运作模式也越来越规范，大家都觉得高中生能把公司办得像模像样真是了不起。

紧接着，核心圈金融校本课程"学生公司""JA经济学""银行实务""学做投资"等相继进入东昌人的视野。学校还建设了金融实验室，策划组织的"初中生一日金融人""五四爱心义卖""虚拟投资大考验"等活动因内容丰富、模拟逼真、教学生动而广受好评。如何进入银行存钱、取钱、转账，如何在证券交易所进行实际操作，如何成立公司并命名，如何理财……这些校本课程、社团及实践活动，不仅拓宽了学生的视野和教师的思维，还将学校的教育发展同陆家嘴的金融发展紧密相连。在教师及企业志愿者的带领下，东昌学子进行了一系列学习和实践，如发售股票、召开股东会、竞选管理人、研发产品、生产和销售产品、财务登记、资产评估、清算公司等，不仅掌握了商业运行方式，还了解了市场经济体系的结构及其益处。

继 2011 年开设"采访金融人士"课程之后，2012 年东昌中学又开设了"走进金融博物馆""金融与社会"等通识性必修课程和"JA 经济学""学做投资""银行实务""生活中的经济学"等专业性选修课程。至此，东昌的特色课程群在数量上已经达到一定规模。

2. 质量上的提升

作为一门培育学生金融素养的专业课程，"学生公司"的开设收获了良好的反响。经过试点教学，东昌人初步探索出一套适合学生需求和发展的教学模式，即"8 课时课堂教学 + 社团实践"。实践证明，这种教学模式有利于学生学以致用，培养创新意识。

如何分层设置和实施特色课程群，是东昌中学一直在考虑的问题。在特色课程群的三圈架构中，"内圈"课程是以金融知识、能力等为实践主体的核心课程，"中圈"课程是与金融素养培育相关的一些课程，比如数学建模、礼仪、辩论等；"外圈"课程是基于不同学生的兴趣、特长等来设置的。学校还从学习维度及培育层次出发，将金融素养培育特色课程群设定为"A（普及）""B（提高）""C（拔尖）"三个层次，满足不同学生的发展需求。

在此基础上，学校再根据金融素养培育内涵，不断丰富课程设置，有针对性地开发新的课程。比如：身处大数据时代，如何从社会多个渠道多方位地采集、整合、处理与风险相关的信息，通过特定的风控模型辨识风险，从而采取有效的风险应对策略，掌握用数据说话和决策的思维方式？从这一思路出发，学校开发了"大数据时代的风控"课程。

基于高中生的认知特点和心理特点，学校还借鉴国外教学理念和课程、国际课程教学方法，通过在特色课程中增加国际背景、国际案例、外国文化等，探索如何进一步提升特色课程的前沿性、趣味性和生动性：一是在现有的课程设计中增加国际课程元素；二是在现有的特色课程中融入国际课程的相关内容，使其具有教育国际化导向；三是强化特色课程实施方式的真切体验，以拓宽学生的国际视野，培养其综合能力。比如，学校特色教研组的两位英语教师在开设"学习生活中的经济学"和"初级财经英语"的基础上又开设了"英语阅读中的金融常识"等课程，这些课程强调生活化和实用性，注重使用启发式、研讨式、案例式等教学方法，实施方式包括动手操作、体验职业角色、完成游戏任务、参与故事讲述等，在学生中广受欢迎。

由此，东昌人进一步思考：在"双新"背景下，如何建构金融素养培育特色课程体系？其基本目标是虚化金融知识、强化金融思维、提升金融意识。其基本思路是将学校课程分为主系统和辅系统，其中主系统包括必修课程、选择性必修课程，辅系统主要指选修课程，包括学科类选修课程和金融素养培育特色系列课程。基于金融实验室的特色课程建设正在进行中。

第二节　金融素养培育特色课程的总体设计

如何将金融素养培育特色课程系统与现行课程系统有机结合，是东昌人一直在思考的问题。经过探索，东昌中学将金融素养培育特色课程系统作为辅系统与现行高中课程主系统融为一体，通过嵌入式、糅合式、渗透式实施策略，使金融素养培育特色课程与基础型课程有机结合，与拓展型课程广泛整合，与研究型课程深度融合，整体构建富有特色的东昌课程体系。

一、金融素养培育特色课程的设计思路

（一）在课程计划中嵌入金融素养培育的课程科目

东昌中学依托学科开发金融素养培育特色系列课程，比如依托政治学科开发诸如"金融法律与案例解说"等与经济、法律相关的特色课程，依托历史学科开发诸如"世界是部金融史""中国货币发展史"等与历史相关的特色课程，依托英语学科开发诸如"初级财经英语"等与英语相关的特色课程。将这些课程作为拓展型课程列入课程计划，起到了拓展和补充基础学科内容的作用。

（二）在学科教学中渗透金融素养培育的教学内容

东昌中学要求教师在日常的学科教学中渗透能体现金融素养培育的教学内容，尤其要关注关联思维、建模思维、分析思维、系统思维等的运用和发展，培养学生的金融思维和解决问题的综合能力。

（三）将学科教学内容与金融素养培育合成新的主题

为丰富教学内容，东昌中学联系生活实际，将金融素养培育特色课程中的

"互联网金融的风险与防控""金融与理财"等主题引入政治学科教学，形成"金融服务家庭理财"主题教学单元。学校还将量变与质变的知识与共享单车联系在一起，形成新的教学主题，引导学生从共享单车的发展过程看量变与质变的关系，培养学生的风险意识、规则意识、关联思维，进而激发学生开展研究性学习的兴趣，丰富学生的学习经历。

以英语学科陈老师于 2017 年开设的校本课程"初级财经英语"为例，该课程面向高二英语成绩优良的学生，共 14 个单元 16 个课时，每周一课时，一个学期完成。如今，课程已经进入第四轮。陈老师坦言，仅凭个人能力开发一门课程、编写一本读本的难度是很大的，站在他人的肩膀上，取其精华，是课程设计的一条思路。鉴于广东省已把金融知识编入学校课程，其中一本《初级财经英语》是高中的选修读本，陈老师认为可以将本书作为她这门课程的基本读本，并在此基础上选择内容，调整比重，生成新主题。以下是陈老师在整合课程材料时的指导思想。

如何打造专属于东昌学子的初级财经英语课

一是关注金融素养通识教育。课程的对象是普通高中的学生，并非金融专业的高等学习者，因此本课程关注的是金融通识教育。比如：在投资部分，把"投资原因"和"投资选项概述"作为独立章节；把理财部分分为"理性理财""保险""获取理财建议的渠道"和"理财的不善后果"。这些内容本身并不涉及复杂的计算和风险，但如果学生具有相关的常识和基本的素养，这对他们未来的生活是有益的。

二是突出和日常生活相关的内容。如果课程的内容及语言贴近真实生活，学生不仅有兴趣学，还能学以致用。比如收入来源有四种，其中工作收入是最基本的收入来源，可以将原本介绍四种收入来源的材料分为两个章节，在一个章节重点突出工作收入，其余三种则并入另一个章节，这样做既符合学生的认知，又有助于培养学生敬业的态度。

三是增加可持续增长元素。可持续增长是全球热议的话题和共同努力的方向。因此，与之相关的"有道德的投资"也可以作为独立的一章被放大，并适当补充相关案例。

此外，为丰富课程内容的语言，还可以参考每月更新的权威杂志《彭蒙慧英语》，选择相关文章作为读本的补充，如《理财之道》《不可不听的理财建议》《西雅图房产市场》《不用为钱发愁》等。这些文章涉及金融理财，内容新颖，语言地道，对学生来说是很好的学习材料。

"初级财经英语"较为系统、全面地介绍了个人理财的方方面面，将金融素养培育的知识目标和能力目标具体化，依据目标规定实施方案，突出财经英语的实用性。作为语言媒介，英语是一门基础学科，将英语教学内容与金融素养培育糅合组成新的主题，可以使学生在获得财经知识的同时，锻炼表达能力。无论是掌握英语技能还是学习基础财经知识，都能提高学生在现代社会中的生存能力。

二、金融素养培育特色课程的实施特点

（一）普及性

东昌中学着眼于从校本层面理解金融素养培育内涵的三个维度，重新审视并挖掘国家课程各学科课程标准本身所具有的相关内涵，结合单元设计与教学，开展由面到点、由点到课的探索。在此过程中，学校对学科核心素养与金融素养培育的关联点进行分析研究，形成了金融素养培育与基础型课程有机结合的课例，重在面向全体，体现普及金融素养的功能特点。

（二）分层性

东昌中学拓展型课程"三圈"架构如图 3-1 所示。其中，"内圈"为金融素养培育特色课程群，"中圈"为与金融素养培育相关的系列课程，"外圈"为满足多元发展的系列课程。圈层的特点也体现了金融素养培育的分层特点。

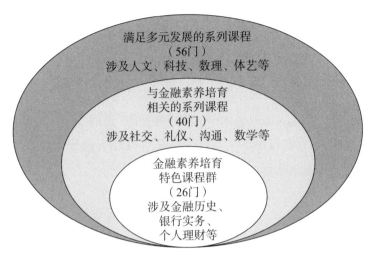

图 3-1　东昌中学拓展型课程"三圈"架构图

1. 拓展型"三圈"课程特点

"内圈"课程（金融素养培育特色课程群）由通识性必修课程、专业性选修课程和金融慕课组成；"中圈"课程（与金融素养培育相关的系列课程）涉及社交、礼仪、辩论、数学工具、语言等，主要是为了落实金融素养培育的目标，与金融素养培育和金融志趣提升有着较密切的关系，在课程内容上体现基础性；"外圈"课程（满足多元发展的系列课程）涉及文、史、哲、理、体艺、养生、手工制作等，主要是为了尊重和满足学生的兴趣爱好和个性特长，在课程内容上体现多元化，有助于丰富学生的学习经历。

2. 拓展型"三圈"课程维度

分层分类实施的特色课程群能够满足不同层次学生的发展需求，即"普及—提高—拔尖"。不仅在内容设计上体现分类原则，即按金融知识与能力、金融思维与方法、金融意识与态度三大维度分类，每一维度都有对应的课程供学生选择学习，在课程设置和学习方式上也体现了分层分类的原则，即将特色课程群的课程分为通识性必修课程、专业性选修课程和金融慕课。其中，专业性选修课程又分为限定性选修和自主性选修两个层次。分层分类的设计在确保课程惠及全体学生的同时，也为拔尖学生提供了更为广阔的发展空间。

3. 拓展型"三圈"课程设置

普及型特色课程（A）是指特色课程群中的 4 门通识性必修课程，面向高一全体学生，体现了拓展型课程"普及普惠"的特点。提高型特色课程（B）是指特色课程群中的 17 门专业性选修课程和 5 门自主学习型金融慕课，面向高一、高二感兴趣的学生，体现了拓展型课程培养兴趣爱好、发展学生个性的特点。拔尖型特色课程（C）是指东昌中学与高校合作举办"DC 金融优才班"开设的课程，旨在培养对金融专业有志趣的拔尖学生。

（三）拔尖性

作为上海市课改基地学校，东昌中学从 2000 年开始一直坚持开设研究型课程并对其有效实施进行了一定的探索。目前学校的课程实施方案完备，推进稳步有序。根据要求，在校学生两年内必须完成一小一大两个课题：小课题旨在让学生体验研究的方法；大课题注重与生活中和社会上某些值得探索的问题相结合，将研究方法运用于问题解决的完整过程。通过小课题研究，每位学生能熟知调查研究、问卷设计、将问题转化为课题等基本方法，关注研究方法的习得；而大课题则鼓励学生深入到更广泛的领域，尝试实验探究、数据归纳、原理演绎等研究方法。在完备的课题评审制度的支持下，一批优秀学生经过指导、历练，充分展示自己的才能。目前不少学生已经能够将课题研究与个人志趣结合在一起，并在各类市区级比赛中获得好成绩。在课程实施方面，由校评审专家组、指导教师团队、指导教师个体和外请专家组成的师资队伍在服务学生的过程中发挥了引领作用。

与高校合作举办的"DC 金融优才班"已连续开设四期。"DC 金融优才班"基于课程学习，组织学生以小组为单位进行金融课题研究。在结项仪式上，各小组进行论文汇报和答辩，专家进行点评。可以说，基于"DC 金融优才班"课程学习的金融课题研究是对金融素养培育特色课程学习的深化。东昌中学研究型课程实施流程如表 3-1 所示。

表 3-1　东昌中学研究型课程实施流程表

阶段	内容	负责部门 / 人
第一阶段 （培训学习）	全体指导教师研究性学习指导与培训	发展处 教学处

（续表）

阶段	内容	负责部门/人
第一阶段 （培训学习）	上一学年度研究性学习优秀课题表彰及部分优秀课题小组经验介绍	教学处
	全体学生研究性学习指导与培训：有关研究性学习平台的使用及研究性学习的方法	教学处 班主任
第二阶段 （课题开题）	学生了解学校已有课题，成立课题小组，选择或申报研究性课题，选定指导教师	班主任 任课教师
	学生开题论证汇报（小组方案介绍） 修改、完善研究方案	发展处 教学处 指导教师
第三阶段 （课题研究）	学生分组自主进行课题研究 若有外出考察或调查的，需经教学处登记备案	指导教师 教学处
	课题小组安排研究活动，指导教师参与 课题小组集中整理研究资料，并在研究性学习平台上进行记录	指导教师 信息技术组
第四阶段 （课题推进）	课题小组成员交流 班主任了解班级学生开展研究性学习的情况	班主任
	各课题小组继续研究，并将研究过程中的相关资料录入研究性学习平台	课题组长 指导教师 班主任
	指导教师与课题小组成员交流，对研究性学习给予指导（小结上一阶段工作，对下一阶段工作提出建议）	教学处 指导教师 班主任
第五阶段 （撰写报告）	撰写、完善研究性学习课题报告，并录入研究性学习平台	课题组长 指导教师 班主任
第六阶段 （评估展示）	课题小组内学习评估 指导教师评估 班级汇总本班研究性学习成果 课题小组整理研究性学习平台上的资料，并登记在档案中	课题组长 指导教师 班主任 教学处

（续表）

阶段	内容	负责部门/人
第六阶段 （评估展示）	指导教师向年级组推荐优秀课题及相关资料	年级组 教学处
	年级组推荐优秀课题至教学处，并提供相关资料 学校评审优秀课题	教学处
	学校组织研究性学习成果汇报、展示	教学处 年级组 指导教师

（四）分级性

东昌中学以学生生涯规划管理平台为抓手，以金融素养培育为切入口，尊重学生选择，尊重个性发展，开发了学生成长系列课程，引导学生进行生涯规划。学生成长系列课程面向全体，层级清晰，比如生涯课程年级分布横向合理，纵向衔接，三个年级的序列分别是高一"认识自己，了解职业"、高二"规划职业，设计人生"、高三"选择专业，决策志愿"。社会实践课程在不同年级的侧重点也有所不同，分为爱国主义教育、民族精神教育、感恩责任教育。

在整个学生生涯规划的过程中，各项生涯规划活动均依照"生涯探索—生涯抉择—生涯行动"的科学流程开展。高一为输入期，通过测评与系列专家讲座让学生认识自我、认识专业，从而最终锚定"加三"学科；高二为实践期，通过系列实践活动让学生进一步加深对自我和专业的认识，储备报考学校和专业的相关信息；高三为验证期，通过系列政策讲座向学生普及高招、自招、综招知识，指导他们结合自身情况选择最佳的升学路径。从高一开始，学校就对学生进行意向专业的测评和分析，涉及哲学、经济学、法学、管理学、艺术学等 12 个专业门类。

为了解学生生涯规划发展的走向，满足不同类型学生的学习需求，东昌中学紧紧围绕学生的性格特点、能力特点、兴趣偏向、发展目标等，开发了包括校内报告、讲座式课程、课堂式课程和校外职业体验课程等在内的生涯辅导课程。

通过专业认知课程、基于职业体验的社会实践、职业访谈等方式，东昌学子对专业、职业的认识逐步从理论过渡到实践，他们在实践中接触社会，了解职业需求，认识自我，发展个性，增长才干，从而能够制定出更符合自身个性发展的生涯规划。

在学生成长系列课程有效实施的过程中，全员导师制发挥了护航的作用。2020年，上海市教委印发《关于推行中小学全员导师制的试点工作方案（讨论稿）》，以建立和完善中小学生身心健康守护网和现代学校治理体系为目标，推进中小学全员导师制的试点工作。在龙头课题"高中学生发展导航系统建设与指导实践"的引领下，东昌中学在"朋友式谈话"方面积累了丰富的经验，因此成为浦东新区全员导师制的第一批试点单位。学校将全员导师制和学生生涯规划指导有机融合，通过导师与学生"朋友式"结对的关系，对学生生涯规划进行指导，从而助力学生的金融素养培育。

1. 学校德育环境的整体建设

东昌中学的全员导师制经历了以下四个发展阶段，这也是导师面向学生深入实施个性化金融素养培育的几个阶段。

雏形期：2004年9月，东昌中学以"朋友式谈话"的形式为切入点，营造"积极、平等、民主"的德育环境，构建全员德育网络。师对生的角色地位从相对权威变得更为平等，师对生的交流方式从批评训诫变得更注重倾听。这是学校倡导的"人人都是德育工作者"德育模式的雏形，也为后期导师对学生进行个性化金融素养培育打下了良好的基础。

初尝期：2009年，东昌中学进入自主结对的全员德育模式，每位教师与1—2名学生建立结对关系。不过这一阶段仍然存在两大不足：一是虽然实现了教师全员参与，但尚未普及到每一位学生；二是虽然指导对象固定了，但指导方向还是比较单一，导师们仍局限于在学业情况、思想认识、人生态度等方面进行指导。截至2011年，学校的结对率达到80%。

发展期：2013年，东昌中学申报了区级重点课题"高中学生发展导航系统建设与指导实践"，指导教师从人生理想与生涯规划、学习方案与学法改进、身心健康与兴趣娱乐三个方面，对社会发展、职业发展、学业发展、个性发展四个领域进行指导。这不仅大大拓宽了教师作为导师的指导视角，也助力学校逐渐实现了接近100%的结对率。此外，教师开始有意识地探索如何引领学生提升金融知识与技能。不少导师亲自参与开发和实施特色核心圈课程，并在金融素养培育特色活动中创造机会，帮助学生了解金融岗位、掌握个人理财等技能。在"朋友式谈话"的过程中，学生受导师影响，逐渐树立起诚信意识、规则意识、风险意识和创新意识。

成熟期：2016年，东昌中学引入专业力量，通过科学量表加强学生的自我认识，为导师指导及对高考改革的政策解读提供科学依据。此外，学校还拓宽了实践的途径，将高一的高校研学、高二的企业参访等实践活动做成品牌项目。随着金融素养培育内涵的丰富和完善，导师一面加强对学生金融思维与方法的培养，引导学生了解、分析高中生活，对社会形成较正确的认识，一面帮助学生理性认识未来的专业和职业。受就业形势、社会发展的影响，很多学生开始选择财经类院校或财经类专业，对金融感兴趣的学生也逐渐多了起来。

2. 升级版的全员导师制整体架构

（1）设计整体架构，分层分类细化

为使全员导师制更好地服务于金融素养培育，东昌中学不仅从基本原则（四方面）、工作内容（三方面）、培训与研讨（三方面）、激励与保障（两方面）等方面制定了工作方案，还制定了课程实施、学生指导、家校沟通、培训研讨四个方面11个项目的考核明细。明确了全员导师制的具体工作内容后，教师就明白了路在哪里，目标在何处。

（2）搭建一个平台，编制两本册子

为方便学生选报导师，尽量满足学生的意愿，相关教师利用寒假开发、搭建了一个供学生查询选报教师的专用平台。这一平台不仅较好地与学校现有的诚信档案对接，且正在逐步与纸质记录册和综评相关信息对接。此外，学校还在骨干班主任理解项目方案的基础上开发了《导师工作手册》《学生成长档案》。

（3）开发培训课程，录制讲解视频

为更好地帮助导师们开展"朋友式谈话"，东昌中学的工作团队利用寒假准备了家庭教育指导类、案例分析及课程设计类、高考政策解读类、学科研究类、校内外活动类资料包，同时结合当代学生的特点，开发了有关识别心理问题学生的方法和技巧的课程，并依托合作单位，开发了线上、线下的相关教师培训和家长学校的课程，希望为有特殊需要的学生、家长提供及时有效的帮助。

（4）明确职责区别，做好家校互通

为保障每月一次的导师课，东昌中学分年级错时开设，固定导师课地点。导师与班主任是合作关系，班主任应明确班级里的学生都对应哪位导师，导师也应明确自己指导的学生来自哪个班级。班主任更多的是进行群体性的教育指导，导师则更多的是进行个性化的指导。从家长角度而言，学校明确了学生的结对导师，家长身边就多了一个可以沟通、交流和求助的专业人士。以下是历史学科张老师在践行导师职责时的心得体会。

优化家校联动 践行导师职责

导师与教师的区别主要体现在三方面：小范围、大自由、广话题。

小范围：目前上海不少学校在管理学生时依然采用定班的方式。一般一个班级的人数为 40 人左右，日常管理的重任全落在班主任身上，即使班主任管理到位，依然无法解决"僧多粥少"的问题。"15 名学生配备 1 位导师"这一想法，从某种程度上来说是在尝试将"人人都是德育工作者"的想法制度化。针对性辅导学生人数减少，有助于师生之间进行深度交流。

大自由：目前导师制的配对是根据学生的意愿来定的，这种设置能够最大限度地发挥学生的主观能动性，同时尽可能地降低学生的焦虑感。学生自主选择的导师往往更容易在潜移默化中发挥育人的作用，教育成效也比较显著。

广话题：有些人认为班主任更多的责任在于对班级事务的管理处置，而导师更多的是成为学生健康成长的守护者、家校和谐共建的维护者。从这一角度来说，导师和学生沟通的话题应该最为广泛，不局限于学业。一个具有积极心态、良好习惯和学习品质的孩子往往拥有更大的发展潜力。导师可以从学业之外的话题入手，寻找和学生的情感共鸣点，这样金融素养培育也会更加细致无痕。

东昌中学围绕师德、教学、德育等方面规定了德育工作的准则，内容如下：

衣着得体，举止雅正；读书修炼，三省求真；诚信立身，平等育人；个性指导，多元评价。

合作备课，互动教学；特色课程，融入时代；三会五有，浸润师生；先生垂范，学子梦圆。

这也是实施学生成长系列课程的准则。教师在教育学生的过程中完善自己，与此同时能够更有效地教育学生，将教学相长的理念自觉地融入教育行动，潜移默化地感染学生，从而起到率先垂范的作用，让立德树人变得更加自然、自觉和无痕。

第三节　金融素养培育特色课程的实施途径

东昌中学通过梳理金融素养与核心素养之间的关系，力求找到二者的对应点，研制出各学科金融素养培育的课程纲要，提炼出各学科金融素养培育的基本要素。此外，学校还将金融与基础学科整合，并在研究性学习中融入金融素养培育。

一、金融素养培育与学科课程有机结合

（一）基本要素呈现

金融素养培育与基础型课程的有机结合具有以下特点：在金融知识与能力维度上，与政治、历史、语文、英语等学科的联系较为紧密；在金融思维与方法维度上，涉及分析思维、关联思维、系统思维等，与几乎所有学科紧密相连；在金融意识与态度维度上，涉及诚信意识、规则意识、创新意识等，与物理、化学、数学、语文等大多数学科相关。

在教研组、备课组的活动中，教师们一起探讨金融素养培育在学科中的渗透，通过跨学科听课、磨课，深入了解了如何将金融素养培育与日常教育教学有机结合。在不同学科中，金融素养培育与基础型课程有机结合的基本要素略有不同，具体内容如表 3-2 所示。

表 3-2　东昌中学金融素养培育与基础型课程有机结合的基本要素

领域	学科	基本要素
结合金融素养培育的人文类课程	语文	建立关联思维，深化分析思维，发展系统思维，树立诚信意识，确立规则意识，发展创新意识

（续表）

领域	学科	基本要素
结合金融素养培育的人文类课程	英语	了解金融趣闻，建立关联思维，深化分析思维，确立规则意识，培育风险意识，发展创新意识
	地理	建立关联思维，深化分析思维，发展系统思维
	历史	概览金融历史，建立关联思维，深化分析思维，发展系统思维，确立规则意识，发展创新意识
	政治	了解金融常识，概览金融历史，体验金融活动，学习个人理财，建立关联思维，深化分析思维，发展系统思维，树立诚信意识，确立规则意识，培育风险意识
结合金融素养培育的数理类课程	数学	建立关联思维，养成建模思维，深化分析思维，发展系统思维
	物理	建立关联思维，养成建模思维，深化分析思维，发展系统思维，确立规则意识，发展创新意识
	化学	建立关联思维，养成建模思维，深化分析思维，发展系统思维，培育风险意识，发展创新意识
	生物	建立关联思维，养成建模思维，深化分析思维，发展系统思维，培育风险意识，发展创新意识
	信息技术	建立关联思维，深化分析思维，确立规则意识，发展创新意识
结合金融素养培育的身心发展类课程	体育	建立关联思维，深化分析思维，确立规则意识，培育风险意识
	艺术	建立关联思维，深化分析思维，培育风险意识，发展创新意识
结合金融素养培育的实践类课程	劳技	建立关联思维，深化分析思维，发展系统思维，树立诚信意识，确立规则意识、发展创新意识

对特色创建而言，在基础型课程中有机渗透金融素养培育是非常重要的。下面以语文学科为例，对沪教版高一第二学期教材中和金融素养培育有关的语文教学内容进行分析。

品读课文《项链》，领悟诚信意识

高一下册的语文教材中有一篇较为典型的关于诚信的小说《项链》，这与金融素养中的"诚信意识"不谋而合。教师可以采取灵活多样的方式让学生领悟诚信的可贵。

比如可以让学生先观看电影《项链》，然后研读课文，进而完成课前印发的作业——根据自己的理解，围绕"项链的归属"来讨论诚实守信与见利忘义的荣辱观。

也可采取师生共同学习的方式，从小说的情节发展（丢项链、赔项链）出发，体会玛蒂尔德最终凭借诚信和勤劳挣脱了虚荣心的枷锁，谱写了一曲人性美之歌。

亦可从多个角度解读玛蒂尔德的人物形象：一方面，玛蒂尔德为简陋寒碜而痛苦，为参加舞会而精心打扮，表现了她贪慕虚荣、追求享受；另一方面，玛蒂尔德为丢失项链而勇敢偿还巨债，表现了她诚实可信、重义轻利、坚韧自强。丢失项链后，在信用与破产之间，她选择了前者，并以自立自强来维护自己的信用，虽然付出了极大的代价，但她这种可贵的品质值得大家尊重。由此可见，教师可以通过分析小说中的主人公形象来渗透诚信意识。

高一学生不仅需要培养良好的学习习惯，还需要培养诚信意识。教师应该用好教材文本，结合校训"行以至诚"及学校的金融素养培育特色，帮助学生逐渐养成良好的行为习惯。

（二）实施案例分析

1. 人文类课程

当在人文类课程中融入金融素养培育之后，态度与价值观方面就出现了一些新的切入点，如创新意识与态度对个人、国家乃至整个人类历史都是一场机遇。以下是历史学科张老师的实施心得。

探讨历史现象，激发创新意识

以往教授"资本主义生产关系的萌芽"这堂课时，教师往往把重心放在对西欧资本主义萌芽这一历史现象的梳理上：一是相关知识点的讲解，如英国圈地运动、手工工场等基本史实；二是方法与技能的培养，如从生产关系的三个要素去理解中世纪与近代早期的时代特征差异；三是情感、态度与价值观的认同，如展示马克思关于资本在原始积累过程中血腥暴力的观点。

为了能够更为生动、自然地注入"创新意识与态度"，教师在教学时选择了一个典型国家（英国）、一个资本原始积累的典型途径（圈地运动）、一个典型行业（羊毛业）和一个典型呢绒商人（威廉·施顿普），把15—16世纪西欧从中世纪晚期演进到近代社会的经济发展过程大致勾勒出来，用以说明创新在那个时代的重要性。

如果可以利用历史潮流进行创新，那么下至个人、上至国家都能拥有无限的可能。这不仅涉及历史现象，更从历史中借鉴经验，进一步指导未来，让学生深刻地认识到创新意识与态度的重要性。

2. 数理类课程

从一些小型金融活动出发设置情境，有助于学生在体验中理解数理类概念，并把这些概念应用到实际生活中。以下是数学学科顾老师的实施心得。

合理使用数学，理性对待风险

"概率初步"是高中数学基础型课程中的一堂课，教授的知识点是数学期望，是对初中平均值的进一步抽象。如何把这个抽象的概念讲清楚呢？

一是创设情境。整堂课上，学生利用学过的知识，在一个真实情境中，自行分析解决金融问题——中奖的概率问题，并在教师的引导下发现新的问题——如何从理性的角度分析这个骗局。在这个过程中，教师可以自然而然地引进"数学期望"，让学生体会到数学中很多抽象的概念都来源于实际问题，服务于实际问题。这样学生不仅能透彻地理解数学期望这个概念，还能提升数学分析思维和金融风险意识。

二是设置模块。教师在模型应用环节中设置了三个模块，分别是"看一看""练一练""想一想"。"看一看"的目的是提高学生的风险意识，这部分内容乍看似乎与数学教学目标关系不大，但教师从高中教育的大局出发设计这一德育方面的内容，正体现了学科育德的价值。"练一练"是对学生在本堂课上习得的数学知识和技能的一种巩固，毕竟高中数学教育的"双基"传统不可弃。"想一想"旨在培养学生的数学应用能力，帮助他们树立正确的价值观，让他们知道科学是一把双刃剑，关键在于舞剑人要利用知识为人类造福。

三是实践融合。教师在课堂教学中应注重增强与实际生活的关联，从而较好地落实数学核心素养。教学设计中，设局者最终之所以获利是依靠着大量人员参与（大数定理），这一原理早已被广泛应用于当今的金融业：保险业就是在此基础上发展起来的，现在流行的共享经济也离不开大数据分析，其基础就是数学与金融的融合。将实践成果运用于课堂教学中，有助于学生理解"概率"这一抽象的概念。

东昌中学把金融素养培育作为中国学生发展核心素养的载体之一，因此教师在设计教学时普遍从学生的终身发展和未来的社会发展出发，寻找素材，创设情境，落实本学科的核心素养。

3. 身心发展类课程

在身心发展类课程中，教师可通过实例和生活的融合，将规则意识等拓展到生活中的其他方面，以小见大，实现金融素养培育与基础型课程的有机结合。以下是体育学科施老师的实施心得。

确立规则，激情足球

本堂课上，教师以视频的形式引入足球比赛中对越位问题的判罚，进而带领学生学习越位规则。在讲解完越位规则的三个条件之后，教师组织学生快问快答，从图片中判断是否越位，并说出依据。让学生利用所学知识快速进行判断，从而达到巩固学习的目的，有助于学生更好地掌握课堂上的教学内容。在课堂尾声，教师再次出示该视频，让学生判断其中的越位片段，用以检验他们是否加深了对规则的理解。最后，教师以提问的形式引导学生思考规则在生活中的其他实例，将规则意识拓展到生活中的方方面面，而不仅限于足球比赛中，这不仅拓展了本堂课的学习内容，更在学生心中树立了规则意识。

在体育等身心发展类课程的教学中，教师注重进一步寻找学科课程与金融素养培育的结合点，让金融素养培育融入日常教学的点点滴滴。

4. 实践类课程

在实践类课程中，教师可引导学生利用所学的知识与技术改进设计，提高创新能力。以下是劳技学科沈老师的实施心得。

改进产品设计，提高创新能力

楼道灯的延时可控设计，既扩大了产品的应用市场，也提高了产品的实用价值与经济价值，可借此培养学生的金融意识，同时让学生体会到科学技术转化为生产力的过程与魅力，提高对技术类知识的认同感。可以先通过对555延时小灯电路的分析，让学生了解555单稳态触发电路的工作原理，学会通过设置元件参数（改变电容量、电阻值）控制延时时间。再通过对比实验数据，分析得出实验结论，培养学生的分析思维、系统思维，引导学生养成基于现实问题的实践导向思维，提升金融思维能力，达到金融素养培育的目标。最后可以通过对生活中的音乐门铃、红外光控节水龙头、手机自动熄屏电路的分析，进一步加深学生对555单稳态触发电路的理解，并提出运用555单稳态触发电路进行创新设计的课后拓展任务，培养学生的创新精神，激发学生的创新潜能。

通过实践体验，学生可以在合作共创的团队活动中提升自主实践的信心、工程思维和物化能力，增强动手实践能力、创新创造能力和社会责任感。

二、金融素养培育与跨学科课程广泛整合

从广义上讲，课程整合是指将两种或两种以上的学科融入课程整体，改变课程内容和结构，变革整个课程体系，打造综合性课程文化。课程整合涉及课程结构、课程内容、课程资源、课程实施等各个方面，针对教育领域各学科课程存在的割裂和对立问题，通过多种学科的知识互动、综合能力培养，促进师生合作，实现以人为本的新型课程发展。

从狭义上讲，课程整合就是将两种或两种以上的学科融合在一堂课上进行教学，这对教师、学生和教学本身都提出了更高的综合性要求。这种要求强调把知识作为一种工具、媒介和方法融入教学的各个层面，培养学生的学习观念和综合实践能力。

东昌中学尝试的是第二种课程整合方式。

（一）联系生活实际

在教学过程中，可密切联系生活实际，引导学生通过生动的感性材料去理解抽象的理论知识。以下是政治学科周老师的实施心得。

借助感性材料，突破股票与债券教学的重难点

感性材料可以是学生比较关注的经济类电视节目CCTV-2《理财教室》，或生活化情境"陈大伯的烦恼"，直观的股票、债券样本和股价下跌曲线等相关图片或漫画，甚至可以让学生填空和复述。

本堂课的重点和难点是股票、债券的特点和异同，这些重难点是通过"陈大伯的烦恼"系列情境中的"陈大伯与股票专家""陈大伯与'债券通'"来突破的。后续教师又让学生通过观察和体会直观、生动、形象的股票样本、债券样本、股价下跌曲线等相关图片或漫画，合作完成对比式表格。

在积极思考与讨论的过程中，在与社会实践相关的活动中，学生自主探索、领会经济投资活动中包含的经济学道理，不仅学会了独立分析，还增强了风险意识、诚信意识等参与经济生活的能力。

（二）设置问题情境

在教学过程中，可创设一些与学生关系密切的问题情境，组织学生开展案例讨论，再穿插一些练习活动。以下是政治学科宣老师的实施心得。

激发问题意识，明确银行开户的基本要求与操作

银行实务课包含填写个人开户申请表和操作银行开户系统等内容。整堂课上学生最感兴趣的是模拟银行的操作，但在实际演练中一些学生遇到了麻烦：由

于没有按照规定的步骤来操作,最后开户失败。教师可以引导学生思考:作为一名专业的银行职员,必须对客户、对本职工作高度负责任,在操作中一定要遵守既定的程序,一味地求快求简常常会带来问题。

让学生感受到问题的存在并意识到问题的根源,学会自己解决问题,这样可以显著提高学生参与教学活动的积极性,教师与学生的互动也会比较自然。

(三)筛选素材资料

在教学过程中,可利用各种素材资料开展教学,培养学生的综合能力。以下是政治学科王老师的实施心得。

依托丰富的素材,厘清货币基本职能

首先,引用邓小平同志1991年视察上海时指出的"中国在金融方面取得国际地位,首先要靠上海",以及邓小平同志分析金融在经济中的地位等素材,引出金融这一课题。再让学生列举老百姓日常生活中与金融有关的活动,顺势导出金融的概念。接着通过分析金融的概念,进一步引出核心词汇——货币,从而导入新课的教学。

其次,播放视频《身边的货币》,带领学生观看货币的起源,分析古代人们物物交换的方式,从而得出由于物物交换不方便,人们迫切需要一种流通效率更高的媒介,因此产生了货币。学生通过讨论,明晰了货币产生的原因,由此引出货币的第一个功能,即交换媒介的功能。随后可进一步介绍在历史的长河中有哪些物品充当过货币。

再次,辨认不同国家的纸币,引导学生思考货币还有什么功能。接着用古代以羊为货币衡量斧子、鸡等物品价格的材料,引导学生说一说生活中哪里有表示商品价格的标志,从而引出货币的第二个功能,即计价单位的功能。

最后,展示比尔·盖茨和王健林的图片,启发学生思考他们之所以为人们所熟知是因为他们都拥有惊人的资产,从而引出货币的第三个功能,即财富储藏的功能。然后进一步引导学生思考,当货币作为一种财富被储藏起来,借贷活动便产生了。分析完借贷活动中的两个主体(债权人和债务人)后,可以分析借

贷活动的核心，即与利息和利息率相关的知识点，并借助材料，让学生动手算一算单利和复利，培养学生计算利息的能力。由于借贷活动中涉及借条的写法问题，因此可以教学生分辨借条书写的正确格式，并让学生动手书写人民币的十个大写数字。

上述这些不同类型的素材与资料，让学生不仅逐步理解了货币的概念和三个功能，还培养了相关的计算能力。

三、金融素养培育与研究性学习深度融合

（一）"DC 金融优才班"顺利开班

"DC 金融优才班"课程实施体现了拔尖的特点，分为自主选报和学校选拔两步。在自主选报的学生中，特色课程教师遴选出在学校金融特色课程及金融类社团中表现突出且有潜质的学生进行推荐，任课教师及班主任负责对学生平时的学业及品德进行审核。以下是第四期"DC 金融优才班"顺利开班的活动报道。

2021 "DC 金融优才班"顺利开班

2021 年 7 月 2 日，第四期"DC 金融优才班"开班仪式在华东师范大学电化教学楼顺利举行。开班仪式上，华东师大经管学部专业学位教育中心主任蓝教授首先上台致辞。蓝教授表示，金融对于一个人的人生来说尤为重要。相较于商业模式效率低下的劳动工作，金融对社会与个人都有着极大的影响。蓝教授还强调金融是一种知识、一种智慧，每个人可以选择不同的发展方向，但需要时时关注金融，金融让我们的生活更加精彩。

随后，东昌中学朱副校长、教师代表、学生代表依次发言，向各授课教师和负责教师表示由衷的感谢，并表达了对"中国期货市场与企业风险管理""理财基础知识"等课程的期待。

"DC 金融优才班"的课程设置如表 3-3 所示。

表 3-3 "DC 金融优才班"课程设置

课程名称	课程类别	课时安排	课程修习方式
保险学	专业课程	8 课时	必修
银行	专业课程	8 课时	必修
投资理财（基金、股票）	专业课程	8 课时	必修
创新创业	专业课程	8 课时	必修
论文写作指导	专业课程	8 课时	必修
企业参访	实践课程	16 课时	必修
行业沙龙	实践课程	8 课时	必修
课题研究	研究课程	一个半月	必修
论文答辩	研究课程	8 课时	必修
成果交流	实践课程	2 课时	选修

丰富多彩的课程令东昌学子印象深刻。比如,"走进金融学——并不深奥的原理"课堂上,美国威斯康星大学金融学助理教授、金融学博士徐老师用英文授课,不仅介绍了简单的金融学原理,还解释了经济学和金融学的联系与区别。他指出,金融和财务运作的目标对于个人是"maximizing lifetime utility",对于企业则是"firm value"。该课程的重点在于金融系统的运作方式,以及由金融引申出的股票方面的知识。学生们了解到企业的价值变化是公司股票涨跌的核心因素,同时股票价值也受股票供给和需求以及市场参与者情绪的影响。在互动中,徐老师进一步解释了银行及其他金融机构与金融市场的关系和股票对于企业运作的帮助,其耐心细致的讲解让同学们直言收获满满。

金融素养培育特色与"以诚立人"的理念就像大海中的灯塔,指引着每一名东昌学子扬帆起航,开辟属于自己的航路,成为全面发展、充满活力的"金融优才"。

（二）"DC 金融优才班"研究成果

基于"DC 金融优才班"的课程学习,东昌中学组织学生以小组为单位进行金融课题研究。在结项仪式上,学生以论文汇报和答辩的形式分享研究成果和收获，华东师大经管学部的专家现场点评。表3-4呈现了各小组基于"DC金融优才班"课程学习所开展的部分金融类课题。

表3-4 东昌中学"DC金融优才班"小组课题一览表

序号	课题名称
1	我国不同支付方式的现有风险——以信用卡为例
2	支付方式的发展演变
3	从公平和效率浅谈传统银行与互联网银行的发展方向
4	P2P网络贷款风险及防范分析——以金鹿财行为例
5	人民币国际化及其对人民币汇率机制的影响
6	浅析区块链技术及其在金融领域的运用和未来发展——以比特币为例
7	经济泡沫——我国楼市泡沫初步分析
8	中美贸易战原因影响与对策分析
9	关于网络支付问题——以支付宝为例
10	国际货币体系的前世今生：什么才是完美的货币体系？
11	互联网下世界共享经济的历史、成因、利弊与发展趋势
12	浅析国内外新零售与生鲜类电商平台发展模式——以盒马鲜生、叮咚买菜、Freshdirect为例
13	浅析银行智能网点现状以及未来发展趋势
14	资管新规的出台对银行及投资者的影响
15	浅谈网红热带来的经济现象及其背后的大众心理
16	校园贷的诱因及对校园信用卡的改善建议
17	中国巨灾保险的现状与发展趋势
18	医药类企业的社会责任分层分析——以长生生物疫苗事件为例
19	房地产泡沫现状分析及应对策略
20	环保理念对于企业投入产出关系与经济效益影响的分析——以美国苹果公司为例

序号	课题名称
21	上海地区家庭教育支出占比与社会经济变化的研究
22	股票的风险与盈利的决定性因素分析
23	"网红"独特的运营模式及发展前景研究——以李子柒为例
24	疫情期间传统与新兴超市的机遇与挑战
25	新冠肺炎疫情对银行业的影响
26	未来的互联网流量，属于意见领袖还是意见消费者？
27	中国中央银行数字货币（DCEP）的机遇与挑战
28	疫情期间家庭购买健康保险情况
29	探究企业环保改革对于整体社会成本的影响——以星巴克取缔塑料吸管为例
30	"一带一路"沿线国家之间经贸往来的网络模型与发展建议
31	传统企业数字化转型的调研——以达乐美比萨公司为例
32	传统物流供应链的互联网思维提升
33	物流供应链行业引入互联网思维
34	疫情背景下生鲜电商的机遇与挑战——以盒马鲜生为例
35	分析哔哩哔哩营收模式、发展现状并预测发展前景
36	对共享经济类公司利益的分析

从上表可知，"DC 金融优才班"各小组的课题研究内容丰富，形式多样，涉及金融的方方面面，体现了学生对当代金融学科及经济发展形势下热点问题的深度思考。最令同学们期待的是"DC 金融优才班"结项仪式，仪式由华东师大经管学部专业学位教育中心国际交流部主任王老师主持。在各课题小组汇报和答辩完后，专家们对每组学生的课题给予了专业的评价与建议。以"高中生金融素养对创新创业能力的影响"课题组为例，学生通过文献综述、研究假设、问卷调查等方式得出以下结论：具备一定金融素养的学生更具备对数字的敏感性和对问题的多元化思考，他们擅长提出新颖的想法，有信心解决创造性问题，并且

普遍能用新方法解决问题，补充完善他人的观点。值得一提的是，该组学生运用SPSS 数据分析软件，对收集到的问卷数据进行了较复杂的相关系数、回归系数分析，展现出较高的数理统计水平，专家们还在点评中着重表扬了该组学术研究的规范性。

结项仪式上学校会公布"DC 金融优才班"优秀课题，并由学生家长和观摩学生共同组成的大众评委评选出"人气奖"。专家们对学生的演讲能力、课题创新能力、课题选材角度等逐一进行点评。正如专家所言："经过'DC 金融优才班'课程学习，同学们能更早地知道做学术研究的思路和方法。虽然今天开展金融课题研究的同学将来可能并不会真的读金融专业或从事金融行业，但这段学习经历一定会对大家今后理解金融风险产生重要的影响。"

第四节　金融素养培育特色课程的实施载体

在大力推进课程建设的同时，东昌中学也特别注重构建基于金融素养培育的学习环境和实践平台。近年来，学校注重加强对金融实验室、研究性学习、生涯规划平台的顶层设计，在已有基础上不断完善，以期借助这些载体培养学生的综合能力和创新思维，进一步提升金融素养培育的质量。

一、线上线下、校内校外联动的金融实验室平台

（一）金融实验室建设的历程回顾

在区政府的大力支持下，东昌中学金融实验室通过"校内校外、线上线下"联动实践平台的相互补充，在培育学生金融素养、丰富学生学习方式、培养学生创新能力、提升特色创建品质等方面发挥了非常重要的作用。

"线上线下"联动便于东昌师生最大限度地共享已有资源，大大丰富了教学的实践性和体验性。线上金融素养培育实践平台指金融实验室在线平台。实验室的模拟操作室、技能实践区等体验与在线平台，为学生提供了多种学习方式。

2013年9月，东昌金融实验室正式投入使用，至今已近十年。为充分发挥模拟金融活动和金融操作的实践功能，学校进一步开发和升级了金融实验室的软件系统，让学生有机会亲手操作，在活动中建立正确的个人金钱观、义利观、财富观等，培养积极的生活态度，树立初步的职业意识和敬业精神。

2017年以来，东昌金融素养培育实践基地新增校内的货币博物馆和校外的中国银行行史陈列馆，形成"1+4"格局：校内有货币博物馆，校外有证券博物馆、期

货博物馆、银行博物馆、中国银行行史陈列馆。除了依托金融实验室进行配套的课程建设、开展丰富的实践教学之外，学校还借助金融实验室进行对外展示，在市、区层面形成了有一定影响力的特色品牌活动。

为将金融实验室打造成符合学生认知特点的学习场所，近年来学校不断更新理念，加快建设，目前已形成"6+4"线下金融素养培育实践基地格局：校内有金融历史实验室、智慧保险体验中心、模拟银行、智慧证券体验中心、智慧财商教育馆、货币博物馆，校外有证券博物馆、期货博物馆、银行博物馆、中国银行行史陈列馆。为更好地用好这些实践载体，更好地建设基于实验室的特色课程，在基于实验室的课题论证和专题研讨会上，专家结合场馆内的设备、软件建设情况，就特色课程的开发和完善提出了建设性的建议和意见。新版的特色课程将进一步提高学生学习的有效性，激发学生的学习兴趣和动力。

（二）金融实验室建设的理论依据

基于金融实验室的校园特色系列活动是以建构主义理论为指导，强调学生在真实问题情境中探究学习，提升学生的多元能力，培养学生的核心素养的学习模式。

从学习的动机看，活动参与强调自主选择和体验生成，高中生参与项目式学习的内驱力是自己的兴趣爱好，这是一种主动学习而不是被动学习，是单纯地为了学习而学习，而不是为了功利性的目标（如为了提高学习成绩）。因此，这类活动非常有利于学生在此过程中发现自己的潜能和志向。

从学习的路径看，这类活动一般分为三个阶段：创设情境、学习知识，模拟体验、尝试运作，感悟知识、提升行为。在循序渐进的学习过程中，理论化的实践与实践化的理论相融共生，伴随着学生能力提升的还有他们运用知识创造财富的探究方式。从知到行，以行悟知，直至知行合一，正是深度学习的路径。

从学习的环境看，通过金融平台将信息技术和社会环境相融合，创设复杂情境下的团队学习，跨界思考，跨界合作，尽可能多地调动自身的知识与能力来解决现实问题，使学生体会到学习不仅是有趣的，更是有意义的。金融实验室的多项活动充分利用社会资源，在课程实践中帮助学生深化对社会的理解，感受与学科学习完全不同的体验，同时促使学生思考如何面对个人与社会环境的关系，如何为社会贡献智慧，如何与社会发展的需要联系起来。

从学习的效果看，这类活动有助于学生把握金融知识，形成金融品格，提升核心素养。诸如时间管理、学科整合、判断水平、自我观念、探究精神、法治意识和守信自律等基本技能与必备品格不是刻意而为的，而是在学习活动中渗透形成的。

（三）金融实验室的内容与功能

东昌金融实验室内容丰富，功能强大。其中，金融历史实验室包括货币发展区、金融业发展历史、银行业发展变迁区、陆家嘴金融发展区和 VR 体验区等，各展区配备的全息投影、VR、虚拟翻书等技术，以及展柜、挂图、3D 实物模型等，能够让学生直观地感受到金融发展的历程。

智慧保险体验中心包括智能投顾系统、大数据行情展示系统和虚拟交易系统。保险体验馆提供保险智能营销、智能保顾平台、智能承保、理赔定损等保险科技业务体验，为学生提供精准的保险方案。

模拟银行通过融入引导机器人、智慧柜员机 /VTM 机、立式触摸打印机、语音导航、触摸洽谈桌、智慧银行学习系统等前沿科技元素，为学生提供各种自助服务选项，让他们仿真体验商业银行综合业务。

智慧证券体验中心依据金融科技快速发展对证券行业产生的影响，配置了智能投顾系统、证券模拟交易系统、大数据行情展示系统等，基于学生的投资偏好、浏览偏好，为他们提供精准、便捷、直观、快速的资讯服务。

智慧财商教育馆提供的 Level 1 财商兴趣课程、Level 2 财商启蒙课程、Level 3 财商进阶课程以动画、故事、绘本、话剧等多种形式呈现，能够支撑完整的财商金融教学和活动，培养学生的财商思维与技能。

货币博物馆展区分为常设展区与临时展区。常设展区通过文字材料、电子信息和实物藏品介绍了我国自古以来的货币发展情况及国外典型货币，临时展区则结合时事新闻或学术前沿定期更换版面内容。

（四）基于金融素养培育实践平台开设的课程

1. 基于校内金融实验室开设的课程

从初创时期最简单的两个活动室（模拟银行和虚拟交易所）到不断更新的新场馆，东昌学子有了更多学习、体验的机会，对金融的了解也愈加深入。以学校青年教师利用场馆优势开设的校本课程"走进货币博物馆"为例，该课程内容主要分为参观藏品和使用电子设备两部分，教学目标是让学生了解金融货币的基础知识。以下是"走进货币博物馆"校本课程的教学过程。

增强活动体验，提升创造能力

教师要求学生带着事先准备好的问题，在讲解员的带领下依次参观场馆，并及时记录，以便后续撰写微报告。在参观过程中，学生不仅可以看到各种各样的货币展品，还可以亲自动手使用场馆内的电子设备，比如用电子显微镜观察第五套人民币，用验钞机辨别第五套人民币真伪。学生对这种动手类、实践类、体验类的活动特别感兴趣，而且充满热情。正是在此基础上，他们才愿意通过观察、听讲、记录、思考来解决参观前教师设置的问题。

在这一课程中，学生需要实施参观前的准备工作、参观中的学习与记录、参观后的资料整理与微报告撰写三个学习步骤。特别是在步骤三，学生需要选择一位历史先贤，用文字介绍他（她）与金融的关系，并发表自己的看法。在这类微报告撰写的过程中，学生既要利用语文学科中人物传记类作文的写作知识与技巧，又要利用历史学科中收集一手史料的史学方法，还要利用经济类学科中的相关专业知识与术语来描述优秀金融从业人员的经历与事迹。当然，学生也可以在参观后形成关于某件藏品的研究性报告。

课程评价也采用了十分新颖的形式：以小组为单位，委派一名学生进行5—8分钟的演讲，阐明本组参观博物馆的情况及参观后深度钻研的成果，然后以学生互评的方式选出若干优秀的小组予以表彰。

在"走进货币博物馆"课程指导的过程中，教师始终牢记学生是学习的主体，是课程的参与者和责任人。当学生遇到各种挑战和冲突时，教师应给予支持和引导，充分调动学生的自主学习能力，让他们在提出问题、解决问题及寻找答案的过程中有效获取各学科知识，并综合运用跨学科知识。学生从选定微报告研究的对象到查找、筛选资料，再到撰写论文、上台发言，一套流程下来自然就明白应该如何研究一个对象。这类实践是学生在日常的教育教学中很难体验到的,大大提高了学生的创造能力。

2. 基于校外金融博物馆开设的课程

东昌中学结合"走进金融博物馆"这一特色课程,积极联系校外金融机构,组建参观学习基地。这一课程的教学目标是通过组织学生走进各类金融博物馆,开展参观、讲解等实践活动,引导学生了解银行、证券和货币的发展历史,知晓金融博物馆内的相关金融知识,学会遵守参观博物馆的基本方法与礼仪,树立诚信思维、规则意识,培养风险意识、创新意识,形成合理使用财富的价值观。"走进金融博物馆"课程内容如表 3-5 所示。

表 3-5 "走进金融博物馆"课程内容

课程内容		具体要求
前期准备		(1)选择前往金融类博物馆的最优路线,并自主前往 (2)查询金融类博物馆的官方网站,并基本知晓博物馆馆藏情况
实地参观实践		(1)有序倾听博物馆内专业人员的讲解,并在任务单上做好记录 (2)寻找感兴趣的展品进行拍摄、记录 (3)寻求博物馆内专业人员的帮助,深入追问展品信息
参观成果	信息整合	(1)整理参观记录,提炼关键内容 (2)在网上搜索关键内容的相关知识 (3)整合信息,提炼观点
	撰写报告	作品总体篇幅为 800—1000 字
	其他形式	微视频 5 分钟,音频解读 5 分钟

这一课程要求学生参观前查阅相关资料,参观时倾听讲解、仔细观察,参观后完成研习任务单,借此培养学生对金融知识的兴趣,帮助他们树立正确的金融理念,提升金融素养。

3. 线上金融慕课的运行

为了丰富与完善学校的特色课程体系,东昌中学主动抓住慕课平台运行的机遇,逐步推出了"身边的货币"等金融慕课,供全市初、高中生学习体验。这一措施不仅促进了东昌学子的金融素养培育,更惠及了全市的中学生群体。

在金融慕课的建设过程中,学校秉持项目导向与任务驱动的建设理念,始终围绕慕课项目的开发与实践，不断推动课程建设，先后组建了骨干学会、青年学会、慕课团队、微课团队及金融素养培育特色教研组等特色教师团队，为金融慕课建设提供源源不断的智力保障。组建团队、确定选题、撰写脚本、实施拍摄、后期改进……一整套严密的慕课建设流程极大地促进了东昌金融慕课的建设与完善。

由于金融课程具有较强的专业性，为把金融慕课建设得更科学、合理，东昌中学借助东昌金联中的高校资源，邀请华东师大、上海对外经贸大学等高校金融院系的专家共同参与慕课项目。在确定慕课选题的过程中，高校专家提出了宝贵的意见与建议，最终学校基于教师研讨与专家建议，决定选择货币、风险、财富管理等五大主题。在课时内容的选择上，慕课团队也多次与高校专家沟通，获得了专业的指导。比如，"身边的货币"原定内容分别为"货币的产生""古代中国货币的发展""当代中国货币的演变"与"世界各国货币"四课时，后来在专家与团队内教师的建议下增加了"货币的职能"这一课时，并将原先中国古代与当代的货币内容整合起来，形成"中国货币发展"课时，这种基于专业意见的优化不仅完善了慕课内容体系的架构，更提升了课程设计的合理性。针对慕课视频制作，专家们建议可以利用相关漫画、视频、动画来解释纷繁复杂的金融现象，提高慕课本身的趣味性，增强对中学生的吸引力，以便更好地落实金融素养培育的要求。

（五）基于金融实验室开展的活动

东昌中学在依托金融实验室开展实践类活动方面也积累了丰富的经验，为学生的金融素养培育提供了多元、系统和可持续发展的环境。基于金融实验室平台，学校已成功举办了十届上海高中生经济论坛，"初中生一日金融人"体验活动也已接待了几千人次。各校学生通过虚拟投资和银行储值等一系列活动和实践操作，真切地体验了一把投资理财。作为教学和实践平台，金融实验室发挥着强大的对外交流功能，不仅培养了学生的投资和理财观念，还培养了学生的经济意识和风险意识。以货币博物馆为例，场馆投入运营后，除了接待东昌师生之外，还同时满足了学校周边初中的初中生、荷兰兄弟高中的师生、东方医院的医护人员子女等不同年龄、不同学段、不同国家学生的参观需求。以下是2021年10月16日东昌中学举办的"融创·人生"金融嘉年华活动掠影。

难忘的金融嘉年华活动

第五届上海高中生论坛暨第十届上海高中生经济论坛之金融嘉年华系列活动在东昌中学成功举办。来自13所高中、1所初中和2所小学的近130名学生，以及融·创联盟学校和兄弟学校的师生代表团观摩、参与了此次活动。

在简短而别致的启动仪式上，全体学生明晰了本次活动的主题和流程安排等。随后，同学们按捺不住激动的心情，在志愿者的带领下有序地进入相应场馆，去浏览、去感受、去体验，开启丰富多彩的金融活动之旅。

项目一：财商知识竞赛。财商知识竞赛结合了基础性金融知识、红色金融知识及金融热点时事，采取积分赛、晋级赛和总决赛的形式逐一展开。这是一场金融学识的比拼、一场金融思维的碰撞，更是一场金融意识和参赛心态的较量。

项目二：虚拟投资大赛。虚拟投资大赛充分利用东昌金融实验室虚拟交易平台，同步上交所市场交易数据，让学生在真实情境中体验股票交易。此项活动有助于学生了解股市基础知识、股票交易方法，在关注投资盈亏的过程中真正理解"投资有风险，入市需谨慎"的股市格言。

项目三：保险业务体验。为了增加体验的趣味性与多样性，活动现场设计了九种不同的身份供学生选择。这些身份拥有不同的年龄与身体状况：不同的年龄对应不同的年缴保费，不同的身体状况决定了能否参保。参与活动的学生随机抽取一种身份，并以该身份沉浸式地体验整个参保投保流程。

项目四：银行储值活动。在东昌中学模拟银行，学生们兴致勃勃地体验了从开户到存款的一整套完整流程，每一位同学都收获了一张富有意义的模拟银行存款单。志愿者们严谨的态度、专业的表述、规范的操作赢得了现场师生的一致好评。

项目五：参观金融历史实验室。金融历史实验室的参观活动给每位参与者带来了一场别样的视觉盛宴，更让学生们了解了大量金融领域的知识。

项目六：参观货币博物馆。学生们热情高涨，积极地与智能屏展开互动，不仅对货币及中国货币的发展史有了进一步了解，还激发了对金融的兴趣与热爱。

学生们沉浸在一系列精彩纷呈的嘉年华活动中，收获颇丰，意犹未尽。飞扬的笑容写在每一位参与者的脸上，学习金融的热情激荡在每一位参与者的心间。丰富有趣、多样生动的金融嘉年华系列活动有助于引导学生全面关注、思考与人的一生息息相关的必备品格，比如财富管理、风险控制、职业规划、创新意识等，为自己未来的健康生活筑基。

二、工作流程完备的研究性学习平台

（一）研究性学习全员参与的探索

自 2005 年起，东昌中学进入了新一轮研究型课程的探索实践，以信息技术为支撑，依托研究性学习平台，尝试探索研究性学习全员参与的新模式。这一平台是由校内的信息技术教师自主研发，集资源平台、交流平台、评价平台、管理平台于一体的研究性学习课程活动平台。软件设计遵循国家新基础教育课程标准关于研究性学习的要求，突出了信息技术在课程实施全过程中的合理运用。为了在研究性学习过程中给予师生更多支持，学校在研究性学习平台的资源中心内补充了大量相关资源，由点到面，旨在使全体师生对研究型课程的实施过程有更为全面、整体的认识。

此外，学校通过教研组积极动员全体教师加入指导教师队伍，在本学科领域选取可供学生研究的课题，形成校课题目录。2017 年上海实施新高考改革方案后，学校根据学生综合素养评价方案，结合创新精神与实践能力量表的内容对这一平台进行了优化。

2018 年，除了使用学校自行研发的研究性学习平台之外，东昌中学开始使用市教委与市电教馆研发的研究型自适应学习平台，将其作为学生自主学习的资源库。这既是一个智能化平台，也是一个帮助学生走进科学研究大门、引导学生经历规范研究、记录学生成长足迹的平台。

（二）研究性学习平台的建设

东昌中学的研究性学习平台侧重对研究型课程的管理。在高一、高二阶段，学生需要完成一小一大两个研究性学习课题，并在校研究性学习平台上录入完整的信息。具体流程包括：学生申报课题，指导教师审核课题，课题组上传开题报告，课题组上传过程记录，课题组上传课题报告或论文，课题组成员完成自评、互评，指导教师完成课题评价。研究性学习平台的建设保障了学生研究性学习的顺利开展和落实。

此平台也可用于记录优秀课题的获奖情况，以及课题组在市、区级科技创新大赛中的获奖情况，同时能够收集每位学生上传至综评网的研究性学习课题的佐证材料。

在研究型课程实施方面，东昌中学建立了完整的组织架构。研究型课程实施领导小组负责对课程目标、实施方法和评估方法等进行指导。发展处负责制定研究型课程实施方案，对教师和学生进行研究方法的指导，并就实施过程中出现的问题提供解决方案。教学处按照研究型课程实施方案开展具体组织及管理工作，比如组织教师进行指导，提供相应的图书资料等。德育处负责学生研究过程中的外出审核及其管理，以及学生在沟通交往中的礼仪教育和学生成果的宣传展示。各年级组配合教学处对学生学习过程中的相关数据进行统计汇总。班主任负责本班学生研究性学习的分组、选题、开题、结题、成果汇报和展示等各项组织工作，并指导本班学生完成"学生发展性诚信档案"相关信息的录入和审核工作。各教研组动员教师加入指导教师队伍，提供学科研究课题和综合研究课题。信息资料组负责研究性学习平台和"学生发展性诚信档案"的网络平台技术支持。

（三）基于研究性学习平台的实践

以信息技术为支撑构建的研究性学习平台不仅保证了课程管理实施到位，确保高一、高二年级的学生能够全员参与到研究性学习中，同时将线上数据的统计工作与线下组织师生开展的交流活动结合在一起，确保研究性学习既关注学生的研究性学习过程，又关注学生在研究性学习中取得的成果。

对小课题、大课题的评价将通过层层推选的方式，由教学处组织相关的评价活动。首先通过班级内的交流推选出班级优秀课题，然后产生年级组优秀课题，并推荐参评校级优秀课题，接着由校研究性学习专家组评定出校级优秀课题，推荐参评每年 11 月的区级科技创新大赛和次年 1 月的市级科技创新大赛。以下是高一年级学生参加研究性学习辅导讲座的片段。

提前规划，稳步前行——研究性学习辅导讲座

2021 年 9 月 22 日下午，高一年级学生参加了一场以"课题研究方法指导"为主题的研究性学习讲座。本场讲座由我校王老师主持。

王老师先对本学期的研究性学习工作作了简短的回顾，充分肯定了同学们的努力，紧接着介绍了高一学年研究性学习的总体安排，即高一学生在校期间须完成一个小课题和一个大课题。其中，小课题主要运用调查法开展研究，关注金融领域、学校实践活动、社会热点问题，也可开展自然科学类课题研究；大课题则更关注学科拓展知识和个人的志趣发展。王老师还提醒同学们要关注重要时间节点，寒假期间按部就班地完成研究性学习任务，撰写研究性学习论文。

随后，在同学们热烈的掌声中，上海市赢帆学生生涯规划中心的诸老师登上讲台，为大家带来了一场精彩的课题辅导讲座。首先，诸老师针对研究性学习的不同主题，介绍了几种常见的研究方法：社会现象类研究常用问卷调查法和访谈法，历史人文类研究多用文献研究法，实用制作类研究常用制作法，科学研究则主要使用实验法。接着，诸老师建议同学们做好研究背景调查，要明确"该不该研究""能不能研究""用什么方式进行研究"等问题，尤其要注意在前期的资料收集过程中，应前往专业学术数据库查询，如万方、知网等。诸老师还结合具体案例，向大家介绍了不同类型课题研究的常用方法，她的讲述兼具理论性与实践性，令同学们受益匪浅。

讲座尾声，诸老师强调了小组合作与时间管理的重要性。个人计划的顺利实施仰仗于有效的时间管理策略，团队合作的任务更是如此。然而，参与合作的人越多，任务完成过程中的意外就越多，面临的拖延与干扰的次数也越多。考虑到团队合作和单兵作战的差别，每个课题小组内必须明确分工，协调好成员之间的衔接，组长应及时核查工作结果。最后，诸老师为大家送上寄语：希望每位同学都能提早规划，顺利完成课题研究。

东昌学子借助研究性学习平台，形成了诸多优秀的金融类课题。在此过程中，学生不仅对金融产生了越来越浓厚的兴趣，对研究性学习也有了更大的信心。研究性学习不仅可以拓宽学生的视野，还能让学生深入思考生活、社会、历

史,这份收获是无法通过"刷题"获得的。当然,研究性学习不可能一蹴而就,需要经过持续不断的探索和实践。此次研究性学习辅导讲座鼓励学生在披荆斩棘的道路上收获迎难而上的精神、制定策略的思维和实际操作的能力,突破自我,不断创新。

三、为人生导航的生涯规划平台

(一)生涯规划的阶段

生涯规划平台是东昌中学成长系列课程之学生生涯规划项目的重要载体。学生生涯规划项目基于学校"朋友式谈话""人人都是德育工作者"的德育工作模式逐步发展形成,由专家、教师、家长、高校、企业共同支撑,其目标是:解决学生定位不清晰、规划意识不强的现状;帮助学生建立切合实际的自我观念,指导学生认识自我、放眼世界;指导学生科学选择"加三"学科,整体规划高中的学习和实践,激发学习动力,发掘自我潜能,做到"自主发展、优势发展";指导学生明确生涯规划道路,并从知识、技能、综合素质等方面锻炼自己的竞争力。生涯规划管理平台具有班级管理、学生信息管理、成绩管理、意向专业管理等功能,保障了学生生涯规划课程的实施。

东昌中学的学生生涯规划实施具体分为以下几个阶段。

1. 自我探索阶段——寻找方向目标

在这一阶段,学生须完成自我认识的量表诊断。比如:了解自身的兴趣、爱好、能力、性格特点;与导师个别交流,了解自己的学习现状、方法、能力,制定阶段性目标。

2. 认识专业阶段——选定意向专业

在这一阶段,学生开始学习如何选定意向专业。主要途径包括:一是"3+3"选课指导,学生根据自身的学业特长与兴趣选择学科组合,然后由专业机构对各校各专业的招生计划进行客观的介绍和分析,学生与导师再通过交流沟通做出最终的选择;二是专业讲座,学生通过每周一次的教师讲座、每年两次的校友讲座,进一步明确自己的特长和爱好,定位自己的大学专业目标;三是研究性学习,学生从自己的兴趣出发，关注生活、关注社会，与志同道合的伙伴一起确定研究性学习的课题，在专业教师的指导下拓宽专业知识领域，了解专业研究的基本方法，为今后的学习奠定基础。

3. 了解职业阶段——选择意向职业

在这一阶段，学生通过量表测定自身的兴趣特长及与性格特点相对应的职业领域。心理辅导课程、中学生职业规划、职业人士讲座等职业认知课程，有助于学生进一步了解社会职业分类，以及大学专业与从事职业之间的适配度，对意向专业选择作适当的调整。在此基础上，学生可以通过与导师个别交流，阐述自身对职业的认知情况，以及量表测定结果与自身向往之间的匹配度，从而制定适当的调整方案与目标定位。

4. 体验职业阶段——筛选取舍职业

在这一阶段，学生可利用校友资源、家长资源及其他社会企事业机构提供的资源接触社会，了解不同职业，在体验中感悟与提升，不断明确与调整自己的成长规划；通过参观、采访等实践方式，了解自己规划的职业领域及其职责分工、工作内容、发展方向等更为显性、具体的信息；通过岗位实习、志愿者服务、社团活动，尝试体验相关职业，学会人际沟通和一定的职业技能，进一步调整自己的职业兴趣和倾向。

5. 自我发展阶段——适配现状与目标

根据自我诊断与量表诊断的结果，可知共性之处为确定的发展方向，差异之处则需要选择有效途径加以发展与巩固。对于发展目标与自身性格、气质之间的差异，学生可以在导师的指导和建议下通过校内外活动与实践予以加强和完善。

6. 评估回馈阶段——调试阶段性目标

导师应关注结对学生的全方位表现，及时交流，给予指导；同时每学期期中、期末与被指导学生进行详细的交流，制定下一阶段需要调整与达成的目标，撰写典型案例，积累指导素材。

（二）生涯规划平台的建设

1. 全员德育与个别指导相结合

团体指导的优点不仅在于教师或指导者能够同时指导多个学生，有效地提升了时间效率，还在于团体本身就是成员之间相互指导、相互学习的资源。所以，导航系统的建设在倡导导师制的个别指导的基础上，延续学校"朋友式谈话""人人都是德育工作者"的德育模式，通过任课教师学科德育渗透、班主任行政班德育教育开展、学校整体德育课程设计等环节落实面向整体的德育教育。而导师制的德育模式将学生按个人成长发展需求与相应的教师进行结对，通过量表测定、自我规划、教师建议与指导、个案分析、阶段小结与改进等方式，让学生逐步明确自己的学业规划、职业规划、人生规划，分阶段达成目标，并在结对教师的指导下，以每学期期中、期末为界线，根据达成情况不断改善成长规划。经常性的交流、每学期至少两次的谈话记录、每学年至少一次的案例沉淀，不仅记录下学生成长的足迹，也为导航系统的建设积累了素材。

2. 学科课程与实践活动相渗透

学生刚进入高中时，对自己、对教师、对学校都不甚了解，此时学科学习往往可以作为在教师与学生之间建立指导与被指导关系的切入点。基于学科知识的教学，将由点带面地鼓励和激发学生的自我认识与自主发展。所以，学科教学渗透同样是为学生成长导航的重要方式之一。从指导教师撰写的案例来看，指导教师在对学生进行学科指导的过程中，进一步了解了学生的家庭、个人品行、学习能力、发展目标等，并且有针对性地给予鼓励、指导和要求，均取得了明显的成效。与此同时，各种实践活动也满足了学生在学科课程外的成长需求：学校的四大节日、主题活动、仪式教育等给予了学生自我认识与自主发展的途径，成人仪式、志愿者服务等提升了学生的社会认识与人生理想，研究性学习、社团、校本课程、微型讲座等则有助于学生发展兴趣特长、调节身心健康。

3. 面上推进与年级递进相依托

在为学生成长导航的实施方面，东昌中学既有高位的人生理想、职业规划的引领，又有基本的学业改进、学习方法的指导，还根据年级特征罗列了递进式的导航重点：高一学生以自我认识为主，通过各类量表测试，对自身具备的、可发展的性格、能力、特长有所了解，制定合理的学业计划；高二学生以社会认识为主，在熟悉校园生活、师生关系融洽的基础上，通过校内外各类活动、讲座、实践，与社会接触，制定合理的成长计划；高三学生以职业专业认识为主，通过分类讲座明确今后的职业倾向，经过理智的分析，制定合理的成才计划。

4. 课程普及与讲座选择相交替

课程的落实是以团体指导的方式开展的。比如高二的专题课程"中学生职业规划"分为 8 课时，在学生对自我已有初步认识的基础上，逐步指导学生进一步认识自己、认识职业、认识社会，并付诸行动。学生亦可结合自己的兴趣与特长选择各类讲座内容，比如每周二的微型讲座、"十一"专题讲座、"五四"专题讲座及校本课程、研究性课题，通过接触不同专业、行业人士，聆听他们的成长故事与职业成就，进而合理地制定自身的学业计划、成长计划、成才计划。

5. 校内资源与校外资源相辅助

除了丰富的校内活动、实践、课程之外，东昌中学还积极开发和利用校外资源，如借用家长的社会资源为学生提供暑期实践岗位，与街道、企事业、公益机构、网络平台合作，为学生提供多样化的社会体验，帮助他们认识自己、认识社会、认识职业，学会交往与沟通。例如：与陆家嘴街道、东方医院、浦东图书馆合作开发多个学生志愿服务实践点；成立由金融机构、高校、企业等组成的东昌金联；与特色学校建设项目相结合，探寻学生金融素养培育的系列设计；依托赢帆、JA 等专业机构，对新高考政策进行解读并予以支持，开展学生素质培养的体验式培训。

（三）基于生涯规划平台的实践

以金融素养培育为切入点，与东昌金联各单位密切合作，可以让更多的学生在中学阶段就有机会走出象牙塔，步入社会，开阔眼界，思考自己的未来，"金融"并非唯一的目的地，它为学生打开了一扇窗，让他们看到更多的风景。通过拓展兴趣领域、进行职业体验、与职业人对话等方式，东昌学子逐步理解了职业与生活的关系。通过各种团体性的学习与活动，东昌学子培养了善于接纳伙伴的意识，培养了学校竞争需要在和谐氛围中实现的意识，更养成了良好的言语、行为习惯，掌握了必要的交流沟通技能。

东昌金融素养培育经历了内涵项目的滚动式发展，建立了较为完善的特色创建工作机制，构建了培育学生金融素养的特色课程群，通过顶层设计与有效实施，精炼课程，基于金融实验室、研究性学习、生涯规划等载体建立了开展实践体验活动的特色学习环境，为学生的金融素养发展奠定了基础。

回首十年来的艰辛摸索之路，东昌的教师们经历了多重磨砺，在学生培养上，以"诚信教育"凸显金融素养培育，并将其作为社会主义核心价值观的实施要素、现代公民未来美好生活的必备素养，融入学生的认知、能力和人格培育，纳入生涯认知、生涯探索、生涯决策的生涯指导，目的是培养德智体美劳全面发展的人，努力让学生得到与个性发展相适切的教育。在东昌的校园里，学生享受着个性化的特色教育，提升着自己的特长与兴趣，进而自信满满地向志趣发展。

第四章

拓宽渠道，打造品牌活动

东昌中学在优化课程的基础上，以学生生涯规划管理平台为抓手，以德育润心活动为切入点，尊重学生选择，尊重个性发展，为学生搭建成长舞台，拓展多元育人路径，打造了"上海高中生经济论坛"和"初中生一日金融人"两大品牌活动，助力学生不断成长。

第一节　金融素养培育渠道的多元化

叶圣陶先生曾说:"什么是教育,简单一句话,就是养成习惯。"让学生拥有良好的品行,是教育的基础工程。育人先育德,育人先育心,立德树人是教育的大方向,也是学校工作的重中之重。东昌中学的各类德育润心活动为学生金融素养培育提供了多元渠道,促进学生不断成长。

一、基于德育润心活动的金融素养培育多元渠道

俗话说:"根深才能叶茂。"学生的成长和树的成长很相似,但我们往往只看到成长过程中的显性部分(如外在变化、行为规范、学业水平等),忽视了影响学生成长的各种内在因素。如何收集、反馈、测评、整合这些信息,进而在培育学生金融素养的基础上助力其成长?东昌中学借助学生成长平台,为学生金融素养培育提供了多元渠道。以学生成长导航为例,从最初的纸质学生成长计划,到研发学生的成长档案系统,以此不断寻找影响学生成长的关键因素,对学生的性格、学习、生活的各方面进行分析和评价,帮助学生完善自己,为其金融素养的形成打下基础。五大渠道如图4-1所示。

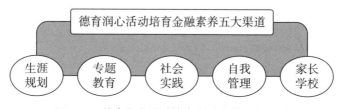

图4-1　德育润心活动培育金融素养五大渠道

（一）生涯规划让学生遇见更好的自己

"我性格中的优势和劣势是什么？""哪些职业匹配我的性格？""我这样的人适合什么样的专业？"面对学生的疑问和需求，东昌中学提供了助力学生成长的生涯规划管理平台。这一平台由学校和专业公司联手打造，公司专家团队在研究国际知名测试的基础上，结合学生的特点，以心理测量学为依据，研发了一套专业测评和选择的工具，旨在帮助学生清楚认识自己、科学选择专业、准确定位职业发展方向。

高一学生一入学可利用这一平台进行职业测试。高二学生面临等级考科目选课，可借助此平台更好地了解自己，把自己的兴趣爱好和高校的需求结合起来。到了高三，学生可以通过此平台掌握综评网填写的要点，以及与高考相关的志愿填报、政策解读、自荐信写作、春考和综评面试辅导等内容。

（二）专题教育让"德性可教"

苏格拉底认为，"德性即知识"一个最为重要的结论就是德性是可教的。德性的知识本质决定了德性是可教的，德育的可教性也是我国古代教育家的基本假定。这正是当今学校开展德育活动的逻辑前提。西方哲学家夸美纽斯把德育看成最高目的和价值，用人类的一切知识来培养德性，这恰恰解释了为什么现在提倡的"立德树人"是学校教育的重中之重。为了增强学生的人文情怀与成长意识，东昌中学会举办各种专题教育类活动，如成长意识体验类活动、人文情怀涵养类活动、校园节日类活动和健康安全教育类活动。

成长意识体验类活动包括开学典礼、升旗仪式、主题团日、结业典礼、社团活动及"诚信""感恩""环保""责任担当"主题系列活动。人文情怀涵养类活动包括传统节庆教育，如民族传统节日、革命传统纪念日等。校园节日类活动包括科技节、艺术节、读书节、体育节等。健康安全教育类活动包括预防传染病、艾滋病、爱眼、戒毒教育、消防演习、法制宣传等主题。

（三）社会实践让校园生活更接地气

正值播种的季节，东昌校园一隅一片郁郁葱葱，学生们在教师的指导下翻土、播种、浇水，忙得不亦乐乎。这就是东昌学子开展社会实践的乐园——东昌农场。学校不仅要教学生学好课内知识，更要将课堂"搬"出教室，让学生在玩中学、学中玩，在实践中开阔眼界、丰富阅历。

例如，高一学生在东方绿舟国防教育活动中巩固了国防知识，在南京爱国主义教育活动中缅怀历史、以史为鉴。在农村，从未干过农活的高二学生扛起锄头，拿起镰刀，挥起耙子，将杂草锄尽，尝试进行播种，展现了敢吃苦、能吃苦的风采，同时体会到人与自然相互依存、和谐发展的重要性。除此之外，高二学生还可以通过绍兴民族精神教育实践活动、企业参访实践活动等不断促进自身成长。成人仪式是高三主要的社会实践活动之一，通过这一活动，学生感到肩上多了一份责任，坚定了要做一个知礼、感恩、明责、笃志的人的决心。

（四）自我管理让学生拥有飞翔的翅膀

苏霍姆林斯基指出："真正的教育是自我教育。"学生是学习和发展的主体。为充分激发学生的自主意识和进取精神，东昌中学专门设置了自我管理类活动。

例如：学生通过参与制定班级公约、撰写班级管理日志，创新了班级管理制度，实现了"依规治班"；通过班级和年级"温馨教室"评选活动，积极参与班级文化建设，营造了良好的班集体氛围；通过"行为规范示范班"评选活动，不断地对行为进行自我约束和改善，集体荣誉感和自我管理水平均得到了显著提升。同时，学校结合校训"行以至诚"，通过小主人身份的自我管理模式，培养学生的诚信意识、规则意识，帮助学生不断地自我成长。

（五）家长学校为学生的成长铺路

苏霍姆林斯基还指出："若只有学校而没有家庭，或只有家庭而没有学校，都不能单独地承担起塑造人的细致、复杂的任务。"为切实做好家校沟通，提升家校共育的能力，实现家校共育同频共振，东昌中学举办了各种家长学校活动，为家长提供亲子沟通、学科选课指导、学生心理疏导等项目。通过这些活动，家长们获得了专业人士的指导，明白了如何创设良好的家庭氛围。

二、在"以诚立德，以责树人"活动中培育学生的金融素养

东昌中学坚持"行以至诚"的校训，将"诚文化"的内涵融入"三会一有"学生培养目标，通过学生成长系列活动的有效实施，将东昌学子培养成有诚信意

识、有规则意识、有社会责任感、有合作交流能力的"全面发展的人",使其具备能适应终身发展和社会发展需要的必备品格和关键能力。

（一）在自主管理实践中培育规则意识

东昌中学依托《学生成长指导手册》,提出了学生在校行为规范的基本要求。每学期的开学典礼上,教师都会对学生的在校行为规范进行解读,旨在提升学生的规则意识、时间意识、场合意识、身份意识。学校每日教育教学活动的有序开展,离不开校风监察部、体管部、执勤班等学生自主管理部门的支持,这些工作提升了作为管理者的学生的岗位责任意识,使他们学会公平公正、客观评价。从学生的角度看,各类反馈可以督促他们更好地履行作为集体成员的责任,维护班级荣誉,为集体争光添彩。

（二）在各类教育活动中提升责任意识

金融从业人员需要有规则意识、责任意识,这样才能构建健康、良性的金融生态环境,对投资者负责,对企业负责,对国家负责。无论东昌学子今后从事什么行业,我们都希望他们在"诚信立身会做人"的前提下,努力成为一个有责任、有担当的社会公民。为此,学校举办了各类专题教育活动。以每周的升旗仪式为例,旗手是通过两年一次的选拔、培训由学校聘任的,在护旗、升旗的过程中,他们心中的那份责任感是其他同学所无法感受到的。每周的主题讲话由各班结合主题节日轮流承担,主持人、演讲者准备稿件的过程就是一次认知提升的过程,对于聆听者来说这则是一次意识教育。每周一的早晨会、每周五的班会课也是进行德育教育的主阵地。班会课有主题有设计,整合各种资源提升学生的规则意识、责任意识和身份意识,为金融素养培育保驾护航。

每年的奖学金颁奖仪式上,学校都会对会思考、会学习的学生进行表彰,以榜样的力量鼓励广大学生更好地履行自己的学习责任。班干部改选、团学代会、推优争先、竞聘选举等活动让学生感受到公平公正的氛围。高一的"铭记历史,开创未来"南京爱国主义教育活动,高二的"树民族精神之根,立爱国主义之魂"绍兴民族精神教育活动,高三的"感恩于心,责任于行"成人仪式活动,无一不是为提升学生的责任感和荣誉感而设计的。还有三月的"感恩""环保"主题活动,前者结合学雷锋日,引导学生从感恩身边的教工做起,学会感恩生活中每一位善者，后者结合植树节，引导学生养成节能减排的环保意识，这样的主题对于学生今后踏上工作岗位、走向社会有极大的帮助，让他们懂得了平等待人、回馈社会的重要性。再如"十一·我和祖国"主题活动，学校请来部队官兵、老干部，通过庄严的升旗仪式及激昂的国旗下讲话，让学生感受到"我与祖国共命运"的责任。

（三）在校内外文化体验中渗透生涯规划

在多年实践中，东昌中学通过金融素养培育，依托东昌金联等实践基地，让学生在多种文化体验中开阔眼界，学习进行生涯规划，为未来做好准备。

每年的一月和六月，学校都会组织学生参观企业或赴高校开展研学活动，让学生通过社会实践达成生涯认知、生涯探索和生涯决策。企业参访是学生非常喜欢的社会实践活动。例如在参观开能健康产业园的活动中，学生观看公司的宣传视频和企业创始人瞿先生的相关影片，聆听讲解员介绍开能的企业文化、发展现状及目标，参观陈列在墙面上的奖杯奖牌，感受开能在环保业方面作出的巨大贡献。再如学生参访企业文化馆，了解到上汽通用汽车有限公司有四个整车生产厂、两个动力总成厂，是中国汽车工业的领军企业之一；了解到公司坚持"以客户为中心、以市场为导向"的经营理念，不断打造优质的产品和服务，目前已拥有别克、雪佛兰、凯迪拉克三大品牌，覆盖了从高端豪华车到经济型轿车的各梯度市场。

通过参访实践，学生树立岗位意识，探索兴趣爱好，对人生目标和职业规划有了初步的认识，从而能够理性地进行职业选择与生涯规划，践行正确的价值观。

第二节 金融素养培育学生品牌活动的特点

学生品牌活动是学校无形的资产。"上海高中生经济论坛"和"初中生一日金融人"作为东昌中学两大开放性学生品牌活动，以学生社团为载体，以金融素养培育特色课程和专业团队为基础，在学生金融素养培育方面体现了极大的价值。

一、学生活动体现深度自主

从 2012 年起，东昌学子就开始自主举办专属于中学生的经济论坛，由学生会主导，下设社团部组织流程、筛选内容等，并设外联部邀请上海市 29—35 所中学参与论坛。此外，学校还有两大金融素养培育社团：一是学生公司，二是经济协会。"上海高中生经济论坛"和"初中生一日金融人"两大品牌活动就是以这两大社团为载体，由学生自主组织起来的。

自主性是东昌学生品牌活动最重要的特点。学生社团成立后，由社团发起人或经选举产生一名学生代表担任社长，负责组织和管理每周一次的社团活动。每个社团设置 1—2 名副社长，并酌情设置其他职务，形成社团骨干力量。学生对社团进行自主管理，包括社团招新、社团活动、社团考勤、社团展示等日常工作。社团活动安排在每周一第九节课，由学生自主授课和学习。社长在指导教师的组织下定期交流社团管理的经验和困惑，以提高自主管理能力。学生这种自主管理的模式为他们后续自主组织社团活动奠定了良好的基础。

例如上海高中生经济论坛中设置了辩论赛环节，该活动由学生组织，邀请参与经济论坛并撰写经济类论文的优秀学生作为辩手，联合上海市各中学的多个辩论社，利用双休日时间对赛前辩题进行研究，共同破题。再如金融嘉年华活动中的虚拟投资大考验，从活动主持到现场秩序维护，再到对参与者提出的疑惑进行解答，全程都由学生自己组织和实施。学生通常会在活动之前反复演练，并请教相关教师，自己先把一些问题搞明白，或者自己先假设一些问题，然后对问题进行模拟解答，保证届时活动可以顺利开展。学生活动的组织体现了东昌学子的主动性、灵活性和自由度。

二、学生活动强化专业品质

东昌中学开放性金融实验室由校外的金融博物馆和校内的金融实践基地组成，为学生金融素养培育提供了专业的实践平台。学生在参观校外金融博物馆的过程中，不仅丰富了自己的课外知识，还提升了金融方面的专业知识，为后续自主开展活动积累了丰富的素材。同时，学校改建了图书资料室，补充了大量金融类书籍，使学生在阅读中不知不觉提高了自身的金融素养。

学生品牌活动的专业性也离不开金融专家的指导与帮助。学校通过与东昌金联各成员单位深度合作，互相交流金融领域的新热点，为特色课程提供专业支持。如第五届上海高中生论坛暨第十届上海高中生经济论坛论文征集大赛将学生的金融课题研究分为财富管理、风险控制、金融创新、职业规划四个模块，学生可自拟主题或从课题研究指南中选题，指导教师可自行指定或从专家库中选择。四个模块的课题研究指南如表4-1所示。

表4-1　上海高中生经济论坛四个模块的课题研究指南

| 模块一
财富管理 | 1. 家庭金融资产与财富管理
2. 疫情冲击下居民财富变化与投资行为
3. 家庭金融资产调查分析
4. 高中生零花钱管理与使用
5. 校园贷调查与分析
6. 网红经济与互联网打赏
7. 彩票站投注人员特征与分析 | 8. 上海市家庭财商教育调查与分析
9. 金融素养与金融行为
10. 青少年金融素养的影响因素与评价方法研究
11. 青少年金融素养与生命周期财富管理
12. 青少年金融素养与养老规划意识培养 |

（续表）

模块一 财富管理	13. 青少年金融素养与证券投资技能 14. 青少年金融素养与投资风险偏好管理	15. 青少年金融素养与家庭财富配置 16. 青少年金融素养与科技创新创业
模块二 风险控制	1. 个人理财风险控制研究 2. 高中生金融风险认知与防范能力调查 3. 第三方支付使用风险研究 4. 大数据与风险控制 5. 人工智能与风险控制 6. 区块链技术与金融风险控制 7. 金融创新与风险控制 8. 高中生金融风险防范典型案例研究 9. 金融风险化解典型案例研究 10. 虚拟货币炒作风险与危害	11. 个人隐私、数据安全与金融风险管理 12. 普惠金融中的风险管理研究 13. 家庭资产组合风险管理研究 14. 电信诈骗现状与防范对策研究 15. 保险在风险管理中的实践研究 16. 手机银行的风险隐患研究 17. 新冠疫情对实体经济影响分析研究 18. 中美贸易摩擦对中国经济的影响分析
模块三 金融创新	1. 数字货币与金融安全 2. 金融创新服务经济高质量发展 3. 数字普惠金融创新 4. 金融行业的数字化转型 5. 通过金融创新促进中小微企业发展 6. 数字金融助力乡村振兴与脱贫攻坚 7. 互联网金融创新的风险与监管问题 8. 数字金融创新助力疫情防控 9. 消费金融的数字化、智能化发展	10. 人工智能在金融业的应用与发展研究 11. 电子支付中的金融创新研究 12. CBDC 对于金融市场与实体经济的影响研究 13. 青少年金融素养与证券投资技能 14. 普惠金融中的金融创新 15. 数字金融助力实体经济方式研究 16. 监管科技的实践发展研究 17. 区块链技术在金融管理中的实践研究 18. 金融创新的潜在风险研究
模块四 职业规划	1. 高中生职业规划能力调查 2. 高中生职业规划中存在的问题及对策研究 3. 高中生的自我认知与职业规划	4. 金融从业人员的职业道德规范研究 5. 银行从业人员的职业素养构成研究

（续表）

模块四 职业规划	6. 证券从业人员的职业素养构成研究	8. 基金从业人员的职业素养构成研究
	7. 保险从业人员的职业素养构成研究	9. 信托从业人员的职业素养构成研究

学生获奖作品达 146 篇之多，不少论文内容丰富，言之有据，学术规范，令评审专家眼前一亮。

学生品牌活动的专业性还体现在学生能够将专业的金融知识、技能学以致用，在上海高中生经济论坛、"初中生一日金融人"等活动中承担讲解、交流、接待等工作。

三、学生活动凸显课程设计

"只要你满足以下任何一点，即可参与我们学生公司：你对交易或研发感兴趣；你敢于摆摊叫卖；你能帮我们吸引更多的顾客；你的小脑袋里总有乱七八糟的想法，能帮我们设计新产品；你是个吃货，在运动会等大型活动上，你可以边卖边吃，只要不亏本；你是个害羞的孩子，只要在我们社团一学期，保准让你变得外向……"这就是东昌中学贴吧上学生公司社团的招聘启事。

学生公司社团是东昌中学金融素养培育特色社团，曾多次参与上海高中生经济论坛举办的各大比赛。此外，社团成员还积极参与国家级、市级比赛，并斩获多项荣誉。比如 2021 年获得"零碳先锋营"可持续能源方案设计比赛优胜奖，2020 年获得 JA 第五届中国青少年金融素养大赛一等奖，2019 年获得"一带一路"新商科青年创业营商业挑战赛三等奖，2019 年获得 JA 中国学生公司全国赛 20 强优胜学生公司团队称号，2019 年获得 JA 中国学生公司上海地区赛优胜学生公司团队称号。

东昌中学的学生品牌活动是怎样凸显课程设计的呢？以"学生公司"为例，学校于 2009 年开设"学生公司"校本课程，该课程的目标是让学生在企业志愿者及学校教师的指导下创办一个学生公司，同时学习相关的知识，如公司管理、竞选管理人、研发产品、生产和销售产品、财务登记、资产评估、清算公司等内容。该课程每学期共 32 课时，第一学期先让学生进行 16 课时的相关理论学习，掌握学生公司的一些基础内容，第二学期的 16 课时则用于进行实践研究。其中，学生公司社团负责将"学生公司"课程中设计的成果转化为实体产品进行宣传和营销。也就是说，学生需要把在"学生公司"校本课程中学到的内容运用到活动中。

UE 学生公司就是将一些天马行空的想法转化为产品，化虚为实，同时宣扬学校的正面影响力。公司内部采用股份制进行盈利的分红。股份定价为 20 元 / 股，每位社员进入社团后至少购入一股。股份的所有资金将投入社团资金池作为社团的启动资金。同时，每位社员持有的股份将作为产品收益分红的依据，社员退社时社团将按原价退还相应资金。学生公司社团有一名社长和四名部长，下设策划部、设计部、公关部、财务部，全体社员通力合作，一起设计、制作文创产品进行售卖，以达到宣传学校文化的目的。策划部主要负责提出产品的企划及组织线下售卖活动。为提出合理的企划，该部门需要适当地进行市场调研，确保制作的产品具有足够大的市场。设计部主要招收具有设计、绘画、摄影等才能的学生，工作内容包括产品设计、宣传海报设计、宣传资料设计、产品图拍摄等。公关部的工作主要分为两部分：一是管理社团的官方 QQ 与微店、撰写宣传文案、进货时与商家交流及砍价、承担售后服务等；二是搬运社团订购的货物、管理仓库、收发货等。财务部主要负责股份的收录、产品购买、盈亏计算及分红计算，同时需要记录社团内的每一笔收入和支出，制作年账本。在学校各种各样的活动中，我们都能看到学生公司社团成员的身影，比如在运动会、爱心义卖、艺术节等活动现场，社员们会进行产品售卖，这也是"学生公司"课程重点强调的内容。

学生公司社团是"学生公司"课程的配套实践基地，主要为该课程服务。与其他社团不同的是，该社团是一个实实在在的营利组织，允许学生在校园里从事经营活动，但主要目的是激发学生的创新精神，培育他们的金融素养。

随着以落实核心素养培育为目标的"双新"课程改革的不断深入，东昌中学的金融素养培育越来越注重学生的发展，开设了一系列丰富多彩的金融类校本课程，并积极探索社团活动与校本课程相结合的模式，在学生品牌活动中凸显校本课程设计。

第三节　"自由而有用"的上海高中生经济论坛

"当我们鼓吹'诗和远方''自由而无用'时，这里的学生做到了'自由而有用'。我们有理由相信，这种'有用'才能帮助个人获得命运的自省、社会的进步与灵魂的真正自由。愿这群超会玩的 DCer 们都生长为他们喜欢的模样。"这是第一财经频道《财商童星》栏目组对自主创办上海高中生经济论坛的东昌学子的殷切寄语，真实反映了伴随该活动发展的东昌人的成长轨迹。

一、从偶然走向必然：论坛的发展历程

东昌中学创建上海高中生经济论坛这个品牌活动是一个偶然。2012 年的金秋十月，学生公司社团邀请浦东新区部分学校的学生社团来东昌进行社团展示与交流活动。这项由学生自行策划、自发组织的活动意外地获得了很多学校的响应，也让大家知道了东昌中学有不少金融类学生社团，这些社团的成立正是缘于东昌中学金融素养培育特色的创建。通过此次活动，学校意识到完全可以打造一个高品质的平台，让学生主动构建并参与各种与金融相关的活动，在主动实践的过程中增强体验感和获得感，从而将东昌学子培养成有诚信意识、有规则意识、有社会责任感、有合作交流能力的现代社会公民。

从 2012 年起，由东昌中学打造的上海高中生经济论坛由上海市教委（基教处）、上海教育学会高中教育专业管理委员会指导，浦东新区教育局、陆家嘴金融城发展局主办，东昌中学承办。该活动促进了不同层次学生的金融素养提升，吸引了越来越多的学校和高中生参加，论坛的品位越来越高，品牌影响力也在

逐年提升。数据显示，参与论坛的学校数量从 2013 年的 18 所上升到 2019 年的 35 所，复旦附中、建平中学、市三女中、进才中学、延安中学、徐汇中学、南汇中学、上财附中等团队陆续加入其中。在 2017 年、2018 年、2019 年的论坛活动中，东昌中学的友好学校——远在荷兰的 Carmel College Salland、英国的 King's College School、美国的 ST Luke's 的师生也发来祝福视频，共同关注着这一活动的盛大举行。2020 年、2021 年因受疫情影响，活动改为线上方式进行，线上参与人数达到 23306 人。

论坛的重点活动有专家主旨报告、学生论文演讲与专家点评。迄今为止，已有上海银监局副局长张光平先生、上海浦东金融服务局副局长张涌先生、国际青年成就组织中国项目发展与业务副总裁骆莺女士、南海基金管理有限公司投资总监戴晶先生、交通银行首席经济学家连平先生、财政部中国国债协会会长孙晓霞女士等专家先后登上论坛，为师生们带来主题鲜明、富有时代气息的主旨报告。与之相呼应的是，学生论文演讲同样亮点多多，可见新时代的学生不仅关注学科知识，更关心家事国事天下事。针对学生演讲，专家们进行了精彩的点评，在专业上引领大家作更深入的思考，使学生的金融素养得到进一步提升。

论坛活动还包括各校社团展示、金融嘉年华系列活动和颁奖典礼。在社团展示活动中，各校学子大显身手，各展所长。东昌学子的社团展示尤其引人注目：民乐社和合唱团携手演出的曲目韵味十足，乐声与歌声在校园中久久回荡；古风社的古意盎然与理学社的科学严谨搭配得妙趣横生；烘焙社的色香味俱全和漫画社、刻章社及手工社的心灵手巧亦是令人印象深刻。东昌中学学生社团的蓬勃发展离不开金融素养培育的顶层设计。学校共有学生社团 39 个，其中"内圈"社团，也就是金融类核心社团有学生公司、经济协会和品格积分银行，"中圈"社团包括 5 个理论学习类社团、16 个人文艺术类社团和 5 个社会实践类社团，"外圈"社团包括 5 个学术科技类社团和 5 个体育健身类社团。在这些学生社团中，与学生公司合作的社团越来越多，如摄影社、烘焙社、手工社、漫画社、刻章社。这些社团首先向经济协会提供产品设计情况，说明产品特点，经经济协会论证后交由学生公司投产、营销、售卖、分红。基于金融素养培育的学生社团的巧妙架构，让东昌中学的社团活动既呈现出一派生机勃勃的景象，又体现出内涵丰富的金融素养培育层次，拓宽了实践类社团落实金融素养培育的途径。

最为热闹的还要数金融嘉年华系列活动。虚拟商业赛、金融知识大比拼、学生辩论赛、闯关游戏等一系列活动既紧扣主题，又形式活泼。最后，论坛活动在颁奖典礼中落下帷幕，随着各大奖项的落地，学生们心中更多的是对彼此的不舍，以及对来年再聚的期许。

二、聚是一团火，散作满天星：论坛的主创团队

（一）聚焦金融热点，精心选择主题

关于论坛活动的筹划，东昌人从每年年初就开始酝酿了。为使论坛主题能够引起学生的兴趣，策划团队的教师分头查找当年国际国内的经济金融热点话题。

在筹备会议上，大家经过充分讨论，预选出当年的主题，供东昌金联的专家论证，专家们会从科学性、适切性、创新性等角度提出建议，项目组据此进行修改，然后再次提交给专家论证，经过反复推敲、打磨，当年的论坛主题最终得以确定。例如，2018年3月，美国宣布对从中国进口的约600亿美元商品加征关税，挑起对华贸易战，中国被迫应战。贸易战最终影响的是实体经济，处于此轮贸易战风暴中心的企业率先受到冲击。截至2019年5月17日，中国共有261家企业被美国列入实体清单，受到严格的出口管制，这将对我国企业产生怎样的影响呢？不少学生都关注到了这一经济金融热点，并对如何认识这个问题提出了自己的思考。因此，2019年的论坛主题被确定为"中美贸易战对我国的机遇与挑战"，旨在让学生从自己的视角去收集资料，寻找答案，思考对策，再通过专家的指导、点拨来真正理解我国企业必须加快创新、实现转型升级的意义所在。十年来，上海高中生经济论坛的主题呈现出多样性、多元化的特点，不变的是确定主题的基本原则和流程：来源于金融热点，贴近学生生活，符合学生认知。2012—2021年历届经济论坛主题如表4-2所示。

表 4-2　2012—2021 年历届上海高中生经济论坛主题汇总

届次	年份	主题
第一届	2012 年	学生自发组织活动
第二届	2013 年	中国（上海）自由贸易试验区与高中生学习
第三届	2014 年	迪士尼建设与上海经济转型
第四届	2015 年	互联网＋时代的金融变革和创新
第五届	2016 年	金融与上海创新之城建设
第六届	2017 年	金融与实体经济的和谐发展
第七届	2018 年	防范化解金融风险下的金融监管与行业自律
第八届	2019 年	中美贸易战对我国的机遇与挑战
第九届	2020 年	三十而立，中国资本市场展望
第十届	2021 年	融创·人生

（二）创新活动设计，丰富学习方式

一场成功的论坛是需要亮点与突破的。正如负责特色创建工作的朱副校长所说："我们举办经济论坛的初衷是为学生提供更多学习金融知识的平台，创造更多参与金融实践活动的机会，让更多学生共享金融素养培育资源。基于这样的考量，我们的活动要做到常办常新，以真正适应时代发展的需要和学生学习、成长的需要。"

以 2021 年的上海高中生经济论坛为例，策划团队设计了线上线下共计十大模块的系列主题活动，其中既有一些历届论坛上深受学生们喜爱的活动，如金融课题研究、学生辩论赛、财商知识竞赛、银行储值活动、虚拟投资大赛等，也有一些新增加的试水项目，如会标和吉祥物设计、"我与金融"微视频制作、智慧保险体验等。即便是一些传统项目，策划团队也设计了一些新的做法，希望学生在参与活动的过程中拥有新的体验、新的收获。例如，金融课题研究分设财富管理、风险控制、金融创新、职业规划四个模块，为方便学生选题和开展课题研究，策划团队为参赛学生提供了四个模块的课题研究指南，并专门组建了四个专家团队全程指导，专家中既有来自上海财经大学金融学院、华东师范大学经管学部、上海对外经贸大学金融管理学院等高校教授，也有来自不同金融行业的专业人士。在专家的指导下开展课题研究，学生们显然更加如鱼得水，提交的研究报告质量也明显高于往届。新增加的项目则更贴近学生实际，给予了学生许多锻炼与提升自己的机会。例如线上开展的金融微视频征集活动，要求参赛学生基于生活中的金融现象、金融热点，或以发生在身边的金融故事为主题，拍摄一则不超过 5 分钟的视频，阐述自己对金融的理解及对人生的思考。该活动要求完全原创，这就意味着参赛学生必须自己完成选题、设计脚本、排练演出、拍摄及后期制作等所有工作，虽然任务十分艰巨，但足以让学生从中学到新技能、掌握新本领。

（三）细化工作流程，做足预案准备

每一项活动的组织与落实都在不断考验着东昌人的智慧与勇气。例如，负责虚拟投资大赛的周老师除了要在筹备阶段安排好整个活动流程，做好学生志愿者的培训工作之外，还要及时应对活动中出现的各种突发状况。

周老师团队曾在一次活动中遇到这样一件事：股票市场数据出现了问题，所有股票的价格都显示为 0，参赛学生没有办法进行任何操作，应该怎么办呢？当时，开发这套系统的工程师并不在现场，周老师临危不乱，迅速联系上工程师，清晰地描述了出现的问题。在工程师的远程指导下，周老师团队顺利解决了问题。活动恢复正常，同学们沉浸其中，谁知没过多久又出了状况：比赛的数据无法用于最后的结算，这就意味着不知道谁输谁赢。周老师觉得这肯定会打击学生以后参赛的积极性，于是和学生志愿者商量能否通过人工计算的方法算出结果。在征得大家的同意后，周老师带领整个团队开始了庞大的计算工作，最终保证了比赛结果的客观公正。这一经历让周老师团队和其他项目团队都意识到活动之前应该要多思多想，预判可能会出现的困难、问题、意外，准备好各种应急处理预案，这样才能确保活动顺利开展。

三、恰同学少年，风华正茂：论坛的主力军

如果说论坛的主创团队是定海神针，那么所有参与活动的学生就是一簇簇闪烁着智慧、洋溢着热情的小火苗，他们用事实证明了一个颠扑不破的真理：星

星之火，可以燎原。

（一）启发：找准方向

与金融大咖们对话可能是每年论坛中最受学生青睐的活动了。专家们深厚的学术造诣令同学们心悦诚服，有的讲座甚至影响了他们今后的学习与生活。在上海大学就读金融学专业的孙同学曾在高二时参加了高中生经济论坛，当时专家提到："加速金融科技创新从而深化改革力度，让金融更好地服务实体经济是现阶段的工作重点，也是你们未来新兴力量所应该努力的方向。"孙同学一直牢记着专家的这番话，并在之后的学习中时刻关注金融创新与改革方面的前沿动态。当大二所有人仍在学习金融学基础课程且对学术研究知之甚少时，他就已经发展出一套研究思路，找到了愿意指导他的导师，开始进行有关数字化转型对金融市场影响的研究。大三时，他的研究成果发表在 SSCI 期刊 *Accounting and Finance* 上。孙同学的突出表现不是偶然的，原因之一可以追溯到高中阶段的学生经济论坛，是金融大咖们为东昌学子点燃了一簇簇探究的小火苗，引领他们找准方向，从而为自信地走好下一步奠定基础。

（二）启思：主动思考

高中生经济论坛上，同学们不仅仔细聆听，也深入思考，主动求解。例如，针对 2018 年"防范化解金融风险下的金融监管与行业自律"这一论坛论题，各校参赛学生基于自己的研究，有理有据地亮明了观点。专家报告结束后，两位学生代表各自阵营进行了演讲。来自上海交通大学附属中学的王同学以"行业自律大于金融监管"为论题，首先介绍了金融风险的定义、金融风险的种类、金融风险的基本特征、当前面临的主要金融风险，然后提出并解释了防范化解金融风险的必要举措，如要以坚守主业、服务实体为基石，要以综合判断、分析施策为手段，要以强化责任、勇于担当为保障，要设立金融行业内部委员会，制定行业信息披露制度等。东昌中学龙同学的观点则与王同学相反，她认为"防范化解金融风险应当做到金融监管大于行业自律"。她以 P2P 机制为研究对象，列出了充分的论据，论证过程言之有物，言之成理。正如专家们所点评的，同学们最终得出什么研究结果并不是重点，关键在于大家在活动中关注了哪些现象，思考了哪些问题，形成了哪些思维方式。

论坛启人思考，论坛中的辩论赛更是引导学生们带着问题走出比赛现场，回到现实生活，努力发现更多的问题，学习更深入地思考，对世界形成更丰富的认知。

（三）启行：积极实践

演讲台上的同学侃侃而谈，赛场上的同学自信比拼，这一切都离不开各个岗位上学生工作人员的苦干实干、无私奉献。他们各司其职，有的负责联系外校的参赛团队，因为活动所需的人员名单与基本信息必须准确无误，所以他们往往只能利用晚上或双休日的时间一遍遍地核对；有的担任活动主持人，为了保证各环节能无缝衔接，他们总是牺牲中午休息的时间或在下午放学后，通过反复排练来熟悉流程和串词；有的担任参观活动的讲解员，他们不仅熟练背诵讲解词，还仔细揣摩讲解时的语音、语调、语气和节奏，力求呈现出最好的讲解效果……同学们虽然不是专业人士，但都以专业的标准严格要求自己，从而使整个活动变得更高效、更高端。

东昌金融素养培育的出发点和落脚点都是为培养"全面发展的人"服务，学校希望能够用金融素养培育这个支点撬起学生的全面发展。上海高中生经济论坛作为学校金融素养培育的载体，也是学生全面发展的平台。借助这个载体和平台，学生们不仅成为活动的参与者和实践者，还成为活动的主动建设者，并在此过程中发现、发展自己更多的潜能。

第四节 "大手牵小手"的"初中生一日金融人"活动

如果说上海高中生经济论坛是帮助学生拓宽眼界、打开上升空间的高端活动，那么"初中生一日金融人"就是一项更为接地气的学生品牌活动。东昌学子得以在该活动中学以致用，通过大手牵小手的方式，将自己所学的金融知识传授给初中生。

一、种植未来：在心里埋下一颗金融的种子

2013 年，东昌中学与浦东新区多所开设金融类校本课程、金融类社团、金融类兴趣小组的初中学校达成共识，决定依托东昌的金融实验室，为初中生搭建实践应用的平台，让他们在参与中融合金融知识，在服务中修炼金融素养。这项活动实现了资源的区域共享，也使东昌金融素养培育辐射到全区更多学校。据统计，每年区里有 16 所初中学校参与活动，目前累计已有约 5000 名初中生参加。

"初中生一日金融人"活动的一大价值是让东昌学子参与到课程实施中。这项活动一般在周五下午进行，每次由一所初中选派约 80 名学生来校参加活动。活动内容包括银行储蓄、虚拟投资、金融知识大比拼、货币馆参观等，工作人员均由东昌学生担任。虚拟投资、银行服务的工作人员主要来自经济类社团学生公司和经济协会，展厅讲解人员从主持人团队中选拔，知识竞赛的工作人员从学生会社团部中选拔。每个子活动都配备一名指导教师，指导教师只负责工作人员的培训与技术保障人员的协调，并不直接参与接待工作。

"初中生一日金融人"活动的另一价值是让浦东新区的初中生们多了一些见识和

体验。这项活动内容丰富新颖，深受初中生欢迎。比如吴迅中学的姚同学在参加完活动后真情实感地写道："最令我难忘的莫过于虚拟投资这个活动了。活动一开始，我兴致勃勃地拿着虚拟的五十万人民币开始投资。我认真地看了图表，分析了股票的走势，斟酌了投资的金额，最后终于……亏了一大笔钱。其他几位同学也基本和我差不多。虽然这只是一次体验，但我们明白了金融行业远没有我们想象的那样轻松，金融人光鲜的外表背后是我们看不到的付出和努力。就像一瞬间股票跌了那样，你永远也不知道下一秒会出现怎样的变化。我们所能做的便是在未知的风暴中调整好心态，从容面对一切。"王同学则坦言："以前看见电视里那些炒股的人有时激动有时低落，我总是不理解，现在我终于明白了。用一个词总结，那就是——刺激。本次模拟炒股让我充分体会到什么是惊心动魄。炒股的过程中充满惊喜与惊吓。当你发现股票一直在跌，认为自己没有胜算时，你会发现自己的股票又涨了，这是惊喜。当你看见股票逐渐上涨，以为自己胜券在握时，你又会发现自己的股票跌了，这是惊吓。股市是捉摸不透的，因为你不知道它的规律，总是无从下手。仔细一想，人生也是如此，涨的时候想什么来什么，跌的时候可以说喝口凉水都塞牙。这次活动，既让我尝试了炒股，又让我懂得了人生之理，可以说收获巨大。"仅仅通过一次短暂的金融主题活动，就让这些初中的孩子产生如此深刻的感悟，实在是令人欣喜。由此，我们越发觉得应当把这颗金融的种子埋好，让它在未来能够开花结果。

2019 年，央行提出了金融素养教育要从娃娃抓起，倡导中小学生开展金融教育知识普及。基于此，东昌中学决定进一步拓宽"初中生一日金融人"活动的实施对象，把金融素养培育特色服务向小学甚至是周边社区辐射。目前，"初中生一日金融人"活动已被列入浦东新区融·创联盟学校共建共享的五门课程，惠及联盟学校的小学生群体。同时，学校开发了金融素养培育特色亲子活动，其主要形式为由东昌学生志愿者带领不同年龄段的孩子及其父母一起参加银行储蓄、虚拟投资、金融知识大比拼、货币馆参观等系列活动。

二、联结现实：在体验职业人生中实现知行合一

东昌人在十年的实践中深刻地认识到：应该坚持立德树人的基本导向，遵

循"实践—体验—感悟—内化—外显"的学生成长规律,注重学生全面素质的培养和提升,加强课程、教学与现实世界的联系,改变学生读死书、死读书的现象,让学生在社会实践活动中了解社会、认识社会、获得知识、丰富体验、发展自我,进而实现自身素质的全面提升,实现学校教育的人才培养目标。

实践作为一种创造性活动,是一切知识的源泉,人在劳动中既动手又动脑,不仅训练了实践技能,还促进了智力的不断发展。"知行合一,学做一体"一直是我国优秀的教育思想传统。中共中央、国务院印发的《关于全面加强新时代大中小学劳动教育的意见》指出,劳动教育应"注意手脑并用、安全适度,强化实践体验,让学生亲历劳动过程,提升育人实效性",要"适应科技发展和产业变革,针对劳动新形态,注重新兴技术支撑和社会服务新变化"。基于新时代劳动教育的新特征、新要求,东昌中学创建了金融实验室——一个可让学生在做中学、在学中做的实践平台,引导学生在实践中发现问题,探索新知,提高创造性劳动能力,实现智慧劳动、创造劳动。

金融素养培育的核心是培育学生未来发展所需要的基本知识与能力、思维与方法、意识与态度,使学生能够正确处理个人与社会、物质财富与精神财富的关系,逐步树立科学的价值观和财富观,从认识职业种类到理解职业要求、职业规划,养成基本的人生规划能力、初步的职业意识和敬业精神。事实上,"初中生一日金融人"活动相当于模拟职业人生,让学生提前体验银行柜员、银行大堂经理、交易所工作人员、金融博物馆讲解员等不同职业,在此过程中了解不同职业的要求,如银行柜员在为储户开户、存取款时应该怎么操作等,通过设置真实情境,一方面逐步培养学生的职业技能和素养,另一方面也启发学生逐步形成职业意识和职业规划。

社会实践还应该是一种公民品质的集中培养与展示。公民品质意味着责任意识、担当勇气、公益情怀、建设热情,即以主人翁的身份参与社会事务。"初中生一日金融人"活动无疑为培养东昌学子的公民品质提供了一个很好的渠道和途径。例如,很多学生在体验了银行柜员的工作后都有这样的感受:在接待第一个客户时往往比较紧张,会忘记删除系统里之前的练习信息,最后打印存款凭证时也没及时发现这一错误,致使客户的信息被混淆,打印存单失败,最后只能从头再操作一遍，既浪费了时间，也给客户带来了不好的体验。还有一些学生遇到了这样的情况：客户第一遍输入密码后，突然说忘记刚刚输入的六位数字了，这样第二遍的输入就没有办法完成，只能撤销刚刚的操作，回到上一步重新开始。类似的事件让同学们逐渐明白在接待客户时，每一步都应该严格按照标准操作，不能有丝毫侥幸心理，一个小小的疏忽都会导致客户利益受损，同样也会使银行的信誉受损。同时，同学们明白了在一些需要客户配合的操作步骤中，尤其要注意做好解释工作，让客户能够十分清楚自己究竟要做什么，应该怎么去做，这样才能保证万无一失。在潜移默化中，同学们逐渐养成了主动担当、认真负责、无私奉献的精神，并最终内化于心，外化于行。

英国作家萨克雷曾经说过："播种行为，可以收获习惯；播种习惯，可以收获性格；播种性格，可以收获命运。""初中生一日金融人"活动在为初中生埋下金融种子的同时，也为东昌学子创造了不断历练熏陶、养成品格、铸就未来职业素养的良机。

第五章

锤炼团队，"慧"聚资源保障

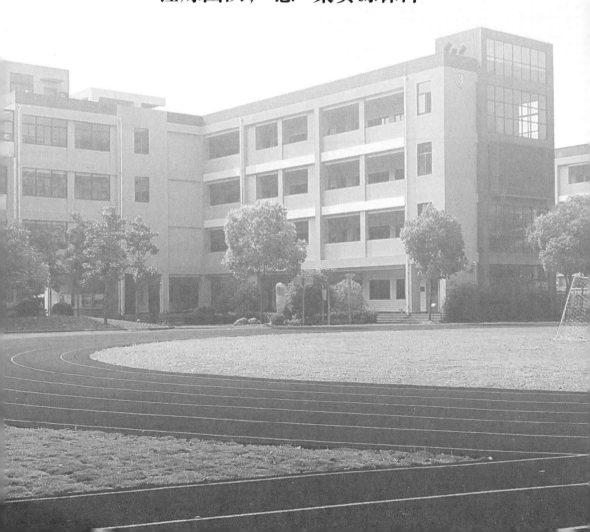

团队的力量是东昌金融素养培育落地的关键，它来自东昌金联和一批深耕不辍的特色教师。从建立到逐步进入成长和成熟的过程，团队为东昌学子的发展提供了源源不断的养分。

第一节　"众人拾柴火焰高"的东昌金联

俗话说："一个好汉三个帮。"东昌中学之所以能够把金融素养的育才理念落到实处，主要依托于一个强大组织——东昌中学学生金融素养培育区域联动组织（简称"东昌金联"），它在东昌金融素养培育方面发挥着巨大的作用。

一、众木成林：东昌金联的前世今生

2012年4月26日，东昌金联启动仪式在东昌的校园里正式举行，当时该组织由东昌中学、陆家嘴管委会、陆家嘴人才金港、农银汇理基金管理有限公司、海富通基金管理有限公司、国泰君安证券、国金证券、上海农商银行、招商银行、国泰人寿和华东师大金融与统计学院共11家单位组成。我们认为，与金融机构联合开发校本金融课程是一次很好的探索，在此过程中应注重培养学生的生活技能，增加学生的金融知识，开发的课程要凸显学校的特色，利用陆家嘴金融机构的优质资源来丰富课程内容。

东昌金联联席会议每学期召开一次。这是一个高朋满座的会议。每次会议，东昌中学都会向东昌金联成员单位汇报前一阶段学校工作的进展、取得的成绩，成员单位也会为学校的金融素养培育工作提出新建议，提供新平台。2014年9月，东昌金联又增加了两家新的成员单位——渣打银行和上海对外经贸大学金融管理学院。这次研讨会上，朱副校长回顾了学校前一阶段金融素养教育的开展情况：开设四次专题讲座，组织一次"我的金融梦"微型讲座，组织高一学生走进金融博物馆，主办第二届上海高中生经济论坛，开展"采访金融人士"主题实践活动和"初中生一日金融人"活动等。这些都是学校金融素养培育的"规定动作"。同时她指出,东昌金联促成了东昌中学优秀金融课程的开发,提升了东昌学子的金融素养水平。

东昌金联联席会议不断迎来新的起点。成员单位不仅通力合作,打造中学生金融实践基地,努力培养学生的金融素养,还对东昌金联未来的发展方向提出建设性意见,并在学生特色培育、特色教师培养、特色课程开发和实施、校外特色实践基地建设等方面发挥重要的专业支持作用。

东昌金联自成立以来,规模不断扩大,目前已有22家成员单位(见表5-1)。成员单位的类别也在不断丰富,涵盖了陆家嘴金融城发展局、上海证券交易所、银行、证券公司、高校、金融博物馆、律师事务所、社会组织等。

表5-1　东昌金联成员单位

序号	单位名称
1	华东师范大学附属东昌中学
2	上海陆家嘴金融城发展局
3	陆家嘴人才金港
4	华东师范大学经济与管理学部
5	上海对外经贸大学金融管理学院
6	国金证券股份有限公司
7	国泰君安证券股份有限公司
8	农银汇理基金管理有限公司
9	海富通基金管理有限公司
10	陆家嘴国泰人寿保险有限责任公司
11	招商银行上海分行
12	上海农商银行
13	渣打银行
14	期货博物馆
15	上海市银行博物馆
16	JA 中国

（续表）

序号	单位名称
17	湘财证券股份有限公司
18	中国银行上海市浦东分行
19	上海证券交易所
20	上海繁锦律师事务所
21	民盟上海市银行综合总支部
22	上海财经大学

二、点石成金：东昌金联的运行机制

组建东昌金联是东昌人打造团队的第一步，如何使这一步走得踏实有赖于从一开始就建立完备的工作体制和机制，并保持相对的稳定性和持久性，从而使合作更加紧密、广泛、深入。

（一）规范组织章程，保障活动有序开展

东昌金联在组建之初就制定了《东昌中学学生金融素养培育区域联动组织成员单位邀请加入函（登记表）》《东昌中学学生金融素养培育区域联动组织简章》《东昌中学金融素养培育区域联动组织工作内容备忘录》等规章制度。东昌金联是成员单位之间的一种合作关系。十年来，虽然有的成员单位的相关负责人因岗位变动等原因变更多次，但他们一直与学校保持着密切的合作关系，使各项工作能够在制度的约束和规范下正常推进。

（二）明确联络机制，保证沟通渠道畅通

为保证各单位的沟通渠道畅通，学校指定专任教师负责与各成员单位的项目负责人进行对接，从而保证双方能够及时就合作需求、工作进展情况进行联络、沟通和持续跟进，同时定期召开有针对性的联席会议，互通金融领域的新热点，探讨金融素养培育的渗透点，并就具体的金融素养培育特色课程及活动展开深入讨论，为课程实施和实践活动提供专业性指导。

（三）盘活各种社会资源，创新活动内容与形式

怎样更好地发挥社会资源的作用，创新活动内容与形式，从而更好地为金融素养培育特色服务，是东昌中学多年来不断推进的工作。

2018年初春，学校党总支与中国银行上海市东昌路支行党支部就双方开展金融服务和社区联建活动进行深入探讨，达成了党建共建和廉洁伙伴协议。此后，学校还组织学生参加中国银行夏令营活动，引导学生通过了解中国银行的发展历程提振民族自信心，通过学习金融人诚信至上、追求卓越的特质培育自身的实干精神和责任担当。

学校还与上交所共同启动"青少年财经素养 N+1"活动，与繁锦律师事务所共同开发"金融法律与案例解说"校本课程。部分从事金融行业的家长也应邀组成金融素养培育家长讲师团，为学生作金融知识微型讲座。此外，学校还基于东昌金联设计职业体验系列活动，让学生实地体验银行、保险、基金、证券等金融职业。通过在银行开户，了解利息、汇率，了解一款理财产品，了解一款保险产品等实践活动，学生切实感受金融文化，实地学习金融知识，在真实的生活情境中提升金融素养水平。

（四）发挥专家引领作用，拓展合作广度与深度

随着东昌金联成员单位队伍的扩大，专家库成员的数量与质量也在不断提升，这对学校的金融素养培育产生了深远的影响。专家们以多种形式为师生提供指导和帮助，合力促进东昌金融素养培育：或为学校金融素养培育核心工作提供指导并出谋划策；或指导教师开发课程、编写读本，进入课堂与教师共同实施课程；或对特色课程听课评课活动给予指导；或带领教师共同开展学生财经与金融素养测评等。比如，学校曾邀请上海对外经贸大学的专家指导青年教师开设"身边的货币""身边的财富管理"等五门金融慕课。在此过程中，专家不仅指导教师编写读本并修改金融慕课脚本，还就课程开发和实施为教师答疑解惑。在开发"金融法律与案例解说"等课程时，东昌的教师们也得到了繁锦律师事务所的大力支持。华东师范大学、上海师范大学等高校专家也曾应邀对学校的金融特色课程体系框架的优化和重构进行指导，使之更有系统性。此外，不少专家还参与了多项学校重要活动，如上海高中生经济论坛的主题策划、活动设计，为活动内容的专业性、科学性、规范性把关，保证活动中的金融素养元素含量及活动相关成果的质量。

第二节　深耕不辍的特色教师队伍建设

东昌中学的特色教师队伍可以说从无到有，从有到精，这取决于学校对这支队伍建设的高度重视与教师自身的学而不止、行而不辍。我们坚信：深耕沃土，必有繁花。

一、从门外到门里：校内特色教师群体专业化发展

对于"术业有专攻"的教师而言，上台教授一节自己学科的课应该不是什么难事，但自行开发一门金融课程甚至上好一节金融课对大多数几乎称得上是金融"门外汉"的教师来说确实是很大的挑战。

那么，如何从门外到门里呢？东昌中学主要从以下四方面进行探索。

（一）搭建全员培训平台，全面提升教师金融素养

学校首先对全体教师进行金融素养培训，通过东昌论坛、微型讲座、寒暑假培训、参观金融博物馆等方式，通过"我们的金点子"等征文活动，引导教师投入对特色建设的思考和实践，促进教师的专业化成长，提升教师的金融素养水平。学校还通过派骨干教师参加 JA 工作坊学习，以及承担财经与金融素养测评试题研制等任务，来促进骨干教师队伍的培养。事实证明，以专家团队、校内外资源为支撑对骨干教师进行校本培训，收到了很好的效果。

例如，在研制财经与金融素养测评试题的过程中，学校特意邀请上海师范大学的朱小虎博士为全校教师作了"财经与金融素养测评管窥"主题讲座，深入浅出地介绍了如何用 PISA 测试来进行财经与金融素养测评。同时，学校也请参与

该项目的两位教师展示并解释了学校财经与金融素养测评成果。周老师以自己参与命制的几道试题为例分享了几点感悟。她谈到,PISA 财经素养测评主要不是检测学生掌握了多少金融知识,而是测评学生整合知识、解决实际问题的能力。在第一轮命题编制时,她设计了一道考核学生使用单利和复利公式来计算的试题,项目团队认为这道题明显不符合财经与金融素养测评的要求,过于注重知识点。后来,周老师重新阅读了财经与金融素养教育的标准框架,明确了这道题的设计意图是让学生明白储蓄过程中存一年和连续存三年的优劣势,以及选择存一年的原因是什么、选择连续存三年的原因是什么、有什么样的风险,以便学生在现实生活中能够做出符合自己实际情况的选择。

（二）秉持项目驱动理念,着力培养复合型特色教师

学校以项目为导向,在实现具体目标的过程中,引导教师不断思考、学习,逐步成长为既能上好国家课程,又能驾驭金融素养培育特色课程的复合型教师。

例如,学校抓住"上海市高中名校慕课平台"上线运行的机遇,组建了专门的慕课建设团队。首先,依托青年教师学会,鼓励对金融现象与问题感兴趣的青年教师加入团队。接着,聘请经验丰富的骨干教师作为团队负责人,并按照慕课选题形成若干个课程开发小组,确定小组负责人。然后,各小组各司其职,相互合作,既强调团队团结协作,又鼓励小组互相学习,形成团队与小组、小组与小组之间的良性互动。以项目导向、任务驱动的方式开展慕课建设,成为金融慕课课程建设工作顺利推进的制度保障。组建团队后,学校引导团队教师深入思考慕课选题,确定各门慕课的课时教学目标与教学内容。青年教师负责撰写慕课课时脚本,其间由骨干教师把关,形成可行的、合理的脚本书写规范。完成课时脚本后,便对脚本进行互查,以便及时发现问题,避免常识性错误。之后由青年教师参与慕课视频的拍摄工作。最后由慕课团队教师复查相关视频,并向摄制方提出修改意见与建议,以优化金融慕课的内容。随着"组建团队—确定选题—撰写脚本—实施拍摄—后期改进"这一整套严密的慕课开发流程逐渐建立起来,学校金融慕课课程的建设效率大大提升。

学校还通过任务驱动的方式,引领教师提升金融素养水平。以"DC 金融优才班"为例,每届优才班都会邀请部分教师担任班主任对班级进行管理,并全程

参与优才班的课程学习、课题辅导及课题答辩等工作。在此过程中，班主任教师不仅有机会学习金融本体知识，更在学生的课题选题、过程性研究、论文撰写及修改等方面发挥了针对性的指导作用。由这些班主任辅导的"高中生金融素养对创新创业能力的影响"等课题成果曾在第 37 届浦东新区青少年科技创新大赛中崭获奖项。学校还将优才班课题研究的工作拓展到校层面的研究性学习工作中。这些优才班班主任相较其他教师而言，因此有了得天独厚的指导学生从事金融类课题研究的条件，部分教师指导的非优才班学生所做的金融类课题"'口红效应'——疫情带来的萧条与繁荣"等还获得了校级优秀课题。在任务驱动中，教师的金融素养水平和金融素养培育水平均得到了很大提升。

依托骨干教师和专家的引领，充分调动青年教师的积极性，不仅推动了学校金融慕课的课程建设，也在很大程度上提升了参与教师的专业能力。对此，青年教师深有感触。如有的教师承担了"身边的财务信息"与"身边的风险"两门金融慕课的脚本编写及课程拍摄工作。他们认为慕课的开发是一项十分磨人的工程，想要上好这些课，首先必须逼着自己去学那些从未系统涉猎过的金融知识。而且，已有的素材只能作为个人进一步自学的源头，想要真正把知识用学生能接受的方式呈现出来，教师还需要在金融的海洋里持续摸索。俗话说："要给学生一碗水，教师自己得有源头活水。"通过第一门慕课的制作，青年教师意识到自己的学习还远远不够。因此，在接到第二门慕课的拍摄任务后，青年教师便开始进一步学习，希望自己能够更好地理解相关的金融知识，尽可能将它们生动地呈现出来。通过不断的学习、反复的磨炼，青年教师们逐渐成长、成熟，向复合型教师一步步迈进。

青年教师开发的金融慕课目录如表 5-2 所示。

表 5-2　东昌中学金融慕课目录

课程名称	单元名称
身边的货币	货币的产生
	货币的职能
	中国货币的演变
	人民币与世界各国货币

（续表）

课程名称	单元名称
身边的财务信息	了解财务信息
	编制财务报表
	财务报表解读
	财务报表应用
身边的风险	风险概述
	走进风险管理
	保险概述
	家庭财产风险分析与管理
	家庭金融投资风险分析
	网络金融风险
身边的金融机构和工具	风险投资
	投资银行
	IPO 和企业上市
	保险
	衍生金融工具
	期货与期权
身边的财富管理	财富管理概述
	记账与银行理财
	保险理财
	基金理财
	股票理财
	互联网支付理财

（三）构建专业发展支持系统，多途径培养特色骨干教师

1. 推进特色课程研发，加快教师成长进程

学校通过专题培训、金融特色读本的研发及修订等任务来推动骨干教师特色发展。在特色课程的实施上，学校分步组织骨干教师承担特色课程并基于任

务开展研究，在做中学，在学中做，加快特色骨干教师的成长进程。主要采取的方式有高校专家指导特色骨干教师研发金融课程、学校教师具体实施课程，以及校内教师与校外专家、志愿者共同开发并实施金融课程等。

例如，学校教师与 JA 中国志愿者共同研发并实施"学生公司"课程，与繁锦律师事务所的律师共同开发"金融法律与案例解说"课程，与上海农商银行的志愿者共同研发并实施"银行实务"课程。经历了研发课程、编写读本、实施课程等环节，参与的教师普遍反映他们开始主动去学习一些不熟悉甚至是陌生的知识，并且通过研发过程的反复试错与纠错来让自己从门外汉变成内行人。

随着教师课程开发和实施能力的不断增强，近年来东昌中学已开发特色课程群课程 10 门，改版 3 门金融慕课，形成了"身边的财富"等 5 门适用于中学生的优质、特色、多样的拓展型和研究型课程资源，并被纳入市级共享课程、浦东新区学生共享金融课程。基于金融实验室开设的教师继续教育课程"经济学原理"是浦东新区教师共享课程，被评为区精品课程，开班 3 次，听课教师达 120 多人。教师开发的"张口胡说《红楼梦》"音频课程在喜马拉雅平台播放，目前收听用户为 608 人，浏览次数达 4.7 万次，其中"凤姐的私房钱""林黛玉的期末评语"等课程的播放量超过 1500 人次，影响力较大。《实施与推进"金融素养"校本课程的策略与思考》《诚信教育，立人以诚》等多篇教师论文发表在《思想政治课研究》《现代教学》等杂志上。此外，东昌的教师还修订了特色课程读本 15 本，新编了读本 3 本，出版了《金融与财富》《Z 世代金融理财一本通》，由学校教师领衔的相关国家级、市级、区级课题达 11 项，"与 JA 合作开发和实施具有东昌中学特色校本经济课程的探索"被列为上海市"双名工程"课题。学校教师还开设了"企业的融资渠道与选择""互联网金融（P2P）的风险与防控"等市、区公开课，并在北京首届国际金融教育研讨会中作"上海市金融特色学校的创建与思考"主题交流，形成了一定的金融素养培育特色影响力。

2. 开设金融研修班，提升教师专业功底

除了通过引导教师研发特色课程等任务驱动外，学校还非常关注如何通过较为系统的学习，使教师的金融素养得到一定的提升。

为此，东昌中学与华东师范大学经管学部学位教育中心合作，开办了教师金融素养高级研修班,旨在探索培养具有国际金融视野,知晓国际金融之术,熟悉中国金融实战,深谙中国金融之道,同时能够深入理解中国金融行业崛起和国际金融时代变革的复合型学科教师。

在研修班上,华东师大的专家从各自擅长的领域出发,从宏观到微观,从国家政策到企业案例,为学员们作了多场专业性极强的讲座,如叶德磊教授的"中国股市的发展逻辑与股市投资行为"、陆建平教授的"数据重构商业,流量改写未来"、买建国教授的"商业银行特征、功能及业务结构"、毛晶莹教授的"科技金融模式与创新"、吴信如博士的"中美贸易摩擦与中国对策"、李明辉博士的"金融风险管理"、潘志斌博士的"理财业务"等。专家们把一些艰涩难懂的概念、原理讲得妙趣横生,让教师们亲身感受到原来金融是如此有意思,原来金融课还可以这么上。教师在学习"术"的过程中逐渐悟出了"道":在金融特色课程的实施过程中,既要不断提升自身的金融专业知识,又要思考如何选择合适的教学方式,让学生真正地参与其中。

3. 外派交流与研讨,拓宽教师国际视野

为了加强金融素养培育,学校还派遣骨干教师到美国、荷兰等中学学习交流,以进一步拓宽教师的教育思路和国际视野。比如,东昌友好学校荷兰Carmel College Salland有专门的商务英语班,为此学校专门派师生前往切磋交流,对荷兰中学的金融教材、金融课程内容、金融课堂教学、学生培养方式等进行了了解,并与自身的金融素养培育特色课程进行对照。学校还参加了上海市"基于区域特色的学校综合课程创造力培养研究与实践"项目,注重派出特色教师参加国际著名教育机构的培训。在培训中,特色教师了解了有关创造力培养的最新研究成果,比如PISA项目2021年创造性思维测评战略咨询委员会联席主席比尔·卢卡斯(Bill Lucas)教授提出的五维创造力学习模型等,这对后续将金融素养培育推上新一级台阶起到了助推作用。特色教师立足学校金融素养培育,在课程设计中强调探究与想象、坚毅与审辨、合作与担当等创造力要素的发展,结合思维场景设计形成综合课程建构,课程领悟力和课程设计力都得到了进一步提升。

以学校特色教研组两位英语教师开设的"学习生活中的经济学"和"初级

财经英语"为例，课程内容上借鉴了哥伦比亚大学 R. 格伦·哈伯德与利哈伊大学安东尼·P. 奥布莱恩著的《经济学（宏观）》（第 3 版）和清华大学经济学系列英文版教材《国际经济学》（第 8 版），教师全程用英语上课，运用启发式、研讨式、案例式等多种教学方法，介绍了诸如收入（Earning an income）、消费和储蓄（Spending and saving income）等个人理财内容，突出生活化和实用性。历史组陈老师开设的"世界是部金融史"呼吁学生找出世界历史背后的金融问题，追寻金融的本质，探讨金融的演化，发掘金融的文明——从世界历史中看金融，从金融中看世界历史。特色教师借鉴国际上金融素养培育的做法，大大提升了特色课程的品质。

（四）激励教师自觉学习，实现跨越式发展

1. 以阅读为起点，积累知识，学会方法

学校每年都会向教师推荐一些经济金融类书籍，要求教师至少通读一本，并且撰写读书笔记。刚开始，有的教师只能勉强完成任务。随着时间的推移，一些教师越读越有味道，甚至不再满足于学校的推荐书目，而是自行寻找感兴趣的书来细读、精读、反复读。例如，历史组的陈老师博览群书，他从马克思的《资本论》和亚当·斯密的《论国民财富的性质和原因》读起，又读了凯恩斯的《就业、利息与货币通论》和约瑟夫·熊彼特的《经济发展理论》，还读了米尔顿·弗里德曼的《资本主义自由》、保罗·萨缪尔森的《经济学》、格里高利·曼昆的《宏观经济学》和《微观经济学》，不仅对经济学这一学科有了系统的了解，学会了一些简单的经济图表绘制和数学建模，还提高了对事物现象的分析能力。他认为自己的这些所学所思亦可以融入历史课堂教学，实现学科思维之量化突破。陈老师在阅读中获得的深厚功底，助力他与其他教师共同编写《Z 世代金融理财一本通》一书，将对金融问题的深入理解转化为生动通俗的语言，带领 Z 世代的孩子们走近金融。

2. 在实践中试炼，实现突破，感悟成长

如果说一开始教师们参与金融素养培育特色工作是抱着一种试试看的心理，那么随着实践的深入，大家越发希望能够挖掘出它的价值：通过这项工作，引领东昌的教育教学工作走向更开阔的境地，让教师们的教育眼界不仅仅聚焦于学生的现在，更聚焦于他们的未来。

开发"采访金融人士"课程的两位语文教师就经历了这样一个过程。刚接到开发任务时,两位教师一直在琢磨:这门课程应该如何定位?它和普通的采访有何区别?经过反复思考,她们认为应该把"采访金融人士"课程定位为东昌金融素养培育特色课程中的一项学生实践活动,通过让学生采访一位身边的金融人士,培养他们主动沟通、学会交流的意识和能力,通过让学生发现自己身边的金融故事,了解从事金融工作所需的人格素养、能力要求等,从而帮助学生更好地思考自身的成长,尽早规划自身的学业及职业发展。这项活动包含采访实践和写作实践两大部分,具有综合性特征:在学习内容上,强调听说读写等语文学科技能和金融领域的综合;在学习方法上,强调接受学习与发现学习、实践性学习与体验性学习的综合;在学习效果上,强调知识、能力与情感态度价值观的综合,尤其注重兴趣爱好、情感态度价值观和合作精神的提升。

基于以上认识,两位教师列出了一个个模块,查找了许多资料,不断地充实、修改。她们先后编写了课程学习资料,研制了活动方案,拟定了特色指标评价标准,用活泼亲切的语言引领学生在阅读中自由穿梭。

在课程的实施过程中,两位教师也在不断反思。第一年,由于采访前没有接受专业指导,学生在实践中遇到了各种困难,但不少学生还是能够突破自我,想方设法地完成任务。比如,有的同学亲朋好友中并没有金融人士,于是他们自己去银行找工作人员沟通,最终圆满地完成了采访任务。后来,教师在学生采访前增加了有关采访技巧的讲座,引导学生主动关注自己的采访过程。为了帮助学生提炼金融热点问题,学校还邀请东昌金联的专家提供当年的金融热点,方便学生在采访时使用,这也带动学生主动到现实生活中去寻找和发现自己感兴趣、有感悟的金融热点。从后来的学生作品集中可以发现,同学们的采访话题逐渐丰富,采访问题链层层推进,注重运用问题解决、决策、创见、系统分析等认知策略完成采访任务,采访技巧也不断升级,作品内容深刻,图文并茂,足可见学生在金融知识等方面的眼界日益开阔。

正如教师们普遍感受到的,随着特色普通高中创建的深入,大家意识到自己其实一直在做着一件非常有价值且具有前瞻性的事情。金融素养对于一个孩子的未来是如此重要,教师们的探索、尝试和付出也因此富有意义。

二、九层之台，起于累土：校内特色教研组的组建与发展

（一）特色教研组建设目标和组织框架

2018年，为更好地开展基于金融素养培育特色课程建设和实施的系列研究活动，东昌中学着手组建金融素养培育特色教研组，其主要承担的任务是为学校金融素养培育特色高中的创建及金融创新人才的培养进行专题实验研究。参与组建的教师团队包括：文科、理科各2名教师，主要把握基础型课程与金融素养培育的有机结合；2名研究性课题指导（特别是金融课题研究）教师，主要落实研究型课程与金融素养培育的深度融合；每学期开设金融素养培育"内圈"课程的教师，主要实现拓展型课程与金融素养培育的广泛整合。

随着金融素养培育特色工作的不断深入，特色教研组的师资队伍也在不断壮大。目前，特色教研组有教师20人，其中高级教师7人，一级教师7人，二级教师6人，区学科带头人1人，区骨干教师5人。组内教师获得过多项荣誉，其中1名教师参与市"双名工程"攻关计划，1名教师荣获华东师大普教中心科研先进个人称号，2名教师荣获区园丁奖，4名教师荣获学校行政记功，多人获得市区各类教学比赛奖项与校先进工作者、优秀个人、金爱心教师等称号，可以说集中了东昌的一批精英教师。

（二）特色教研组实践与研究内容

1. 分阶段开展主题教研，凝聚特色培育共识

由于特色教研组内的教师来自各个学科，对特色课程的定位、功能的理解也不尽相同，因此学校通过开展主题教研活动，帮助大家厘清认识，达成共识，统一行动。

在特色教研组的初创时期，教师们以构思金融特色课程教学设计模板、特色课程课堂评价表为主题进行教研，每位教师先自行设计，再共享研讨，最终确定了特色课程教学设计和课堂评价表模板。例如，教师在进行课堂评价时会重点观察学生在习得金融知识技能、形成金融意识态度、掌握金融思维方法等方面是否有较好的体验，在诚信、合作、风险担当、创新意识等方面是否有较好的表现，对生活中接触到的经济活动是否有自己的认识。上课教师是否能构建以金融素

养培育为核心的三维目标体系，自身是否拥有相关的金融知识，是否能正确使用并解释相关术语，是否能通过主动利用金融案例创设情境来调动学生的学习兴趣，这些也是课堂上重点观察的内容。

2019 年，特色教研组根据学校工作安排，组织教师对"怎样的课是一堂好的特色课"问题展开探究。组内教师结合核心圈课程的授课经历，针对当时特色教研组的几节公开课进行重点研讨，每位教师都分享了自己对一堂好的金融素养培育特色课程的认识，最终所有人达成共识。大家认为金融素养培育特色课程不同于学校的基础型课程，与其他拓展型课程也有所区别，不仅内容上要注重金融知识学习、金融能力提升，设计上还应当充分尊重学生的主体地位，体现"以学生为中心"的理念和以活动为抓手的教学方法，让学生从学习的"被动参与者"转变成"主动建构者"，真正落实学生金融素养培育的要求。

经过初创时期的摸索、尝试，教研组基本确定了特色课程的教学理念和教学方法。基于此，组内从 2020 年起以"基于课堂活动的金融素养培育核心圈课程教学实践"为主题开展教研，要求教师根据教研主题每学期设计一个课堂活动，在教学过程中付诸实践，并撰写教学片段（包含活动名称、活动设计、活动实施、设计意图等）。组内教师集中观摩、交流，最终形成教学反思，不断改进课堂教学。

2. 依托常规教学环节，打造特色课堂

备课是教师首先要落实的常规教学环节，考虑到特色教研组的教师都不是金融专业出身，如何备好特色课程对他们来说是一大挑战，因此特色教研组一般采用集体备课的方式，充分发挥教师集体的智慧。此外，每学期教研组都会选择几门核心课程，邀请该课程的授课教师开设教学展示课或研讨课，课后大家集思广益，不断提升特色课程的实施水平。

以青年教师许老师开设的"生活中的理财"课程为例，许老师先根据教学目标等自行撰写详案，再与组内教师进行充分研讨。在特色教研组长和政治教研组长的指导、点拨下，许老师调整、修改了自己的教学设计，并以"财富规划"一课为例，开设了面向全组教师的教学研讨课。课后组内教师进行了网络教研，从多个角度对这节课提出意见和建议，帮助年轻教师形成教学反思。从 2018 年成立至今，特色教研组坚持以这样的方式来打磨特色课程的教学，取得了较好的效果，可作为后续特色课程的教学范式。

教学后的反思环节常常被教师忽视，而这一环节恰恰能最快地帮助教师找到自身教学中的长处与不足，有效提升教学水平。特色教研组的教师们深谙此道。例如，特色课程"世界是部金融史"的授课教师陈老师将历史学科基础型课程与金融素养培育相结合，选取世界金融历史发展中的一个环节——战后世界金融货币体系布雷顿森林体系的建立，开设了"战后重建：布雷顿森林体系"教学展示课。课前，陈老师充分了解学情，认为学生入学以来经过"金融与社会"等课程的学习，已了解了一定的金融常识，但对布雷顿森林体系的认知仍停留在美国霸权的思维定式中，没有理解布雷顿森林体系是二战后大国在既定条件下创造历史的结果。因此，陈老师决定以本课为契机，让学生在金融规则意识、金融道德修养方面有所突破。

表5-3　"战后重建：布雷顿森林体系"简要教学设计表

环节	教学内容	设计意图
1	教师讲述二战后世界金融环境	直接导入本课主题
2	教师简述布雷顿森林会议的内容	让学生了解布雷顿森林体系形成的金融环境
3	学生朗读罗斯福贺信，回顾1929—1933年资本主义世界经济危机的典型史实	让学生理解金融的发展与人类社会的运行息息相关，深化金融分析思维
4	教师讲述1929—1933年面对经济危机时各国的应对，学生分析讨论二战爆发的原因	让学生理解布雷顿森林体系是基于现实需要建立的
5	学生代表分别论述怀特计划和凯恩斯计划的内容，学生分小组讨论在历史情境下选择一种适合现实需求的方案并陈述理由	通过对典型史料的分析和解读，让学生直观感受到无序导致的乱象和危害使人类付出了惨痛的代价，进而理解金融世界需要制定规则和秩序，从而形成基于现实的规则意识
6	教师简要介绍"特里芬问题"	让学生发现布雷顿森林体系中美国的两难，引导学生思考、分析布雷顿森林体系的局限性
7	教学小结	归纳本课史实，强化讨论中获得的思想方法

听课教师对整节课给予了很高的评价,陈老师则抱着精益求精的态度,认真撰写了以下教学反思:"将世界金融历史发展中的一个环节——战后世界金融货币体系布雷顿森林体系的建立作为历史学科基础型课程与金融素养培育的结合点,学生既能了解金融历史的发展,也能树立基于现实的规则意识,既能在知识领域进行拓展,又能学会结合社会背景正确看待金融结果。40分钟的教学时间对于分析一个金融体系的建立还是比较紧张的。请学生扮演凯恩斯和怀特,学生虽然参与感强,但阐述观点后讨论不够充分,内化时间不足。可减少一些讲述环节,增加一些学生讨论和教师总结的时间。"

3. 组建学习共同体,在团队合作中共成长

特色教研组最成功的地方在于充分认识到加强团队建设的重要性,始终强调发挥团队的力量,依托特色项目带动特色教师的专业发展。

特色教研组鼓励并支持教师积极研发新课程。为此,教研组专门成立课程研发团队,要求骨干教师加入,探索课程研发的可行路径。对于研发课程的教师,教研组给予了足够的支持,如动员组室力量,群策群力,帮助教师破解课程研发中的难题。对于初步研发完成的课程,教研组还会组织经验丰富的骨干教师对新研发的课程进行学术评估,并提出详细可行的修改建议。同时,教研组积极向学校申请研发经费,帮助特色教师购买专业书籍,深化金融理论知识。除了联系金融领域的专家指导特色教师研发特色课程之外,教研组还鼓励组内特色教师依托自身学科开发金融素养培育特色系列课程,并将这些作为拓展型课程列入特色课程计划,拓展和补充基础学科内容。从特色教师近期开发的"中国货币发展史""人工智能与金融""大数据时代的风控""现代中国支付方式的变迁""英语阅读中的金融素养"等特色课程中,可以看到教师的课程研发能力实现了质的飞跃。

特色教研组组建学习共同体,以团队合作的形式,运用各种学习工具,实现资源共享,解决教师学习和实践中面临的共同问题,从而使教师获得专业成长。以"学会投资""学生公司"等核心圈特色课程为例,这类课程对金融专业知识的要求较高,因此组内教师选择以团队形式共同开发、实施一门课程,有意识地以老带新,通过教师小团队的方式共同研讨、不断改进。

2021 年 8 月，在高校及出版社专家的指导下，教研组内的金融读本编写团队历经 18 个月，多次修改、不断完善，终于编写完成了专著《Z 世代金融理财一本通》。这是一本财经专家与组内特色教师携手为 Z 世代青年量身定制的理财书。全书从最常见的价格、货币入手，通过对历史、现实与未来的回顾、分析和畅想，启发读者的金融思维；详解移动互联时代生活中各种与理财相关的问题，帮助读者树立适合自己的金钱观与消费观；阐释常见的投资理财渠道及费用、收益与风险，帮助读者掌握理财的基本原理；最后从人生规划的角度剖析诸如打工还是创业、买房还是租房、该买哪些保险等年轻人普遍感到困惑的问题。本书深入浅出地解释了相关的概念和术语，并附有大量清新活泼的手绘插图，具有较强的可读性。其编写过程不仅使老教师逐渐成为专家型教师，更使年轻教师快速成长，功底也愈加扎实。

三、只要你要，只要我有：校外兼职教师队伍建设

每周一下午的第 8 节课和每周二下午的第 9 节课是东昌学子最爱的校本课程时间，一些选择金融类核心圈课程的学生更是翘首盼望着这两节课的到来，因为在这两个时间段可以见到很多校外的兼职教师，有机会聆听他们专业而深入浅出的课程。正是在专家们带来的一个又一个案例中，学生们才真切地体会到其实金融离自己并不远。

校外兼职教师队伍由高校、企业、校友等多方专家和教师组成，其中不少兼职教师来自东昌金联成员单位。稳定的兼职教师队伍建设，为特色课程的开发、设计、实施提供了专业指导，是学校金融特色建设和学生金融素养培育的坚强后盾。

（一）参与特色课程的研发和实施

学校多门金融素养培育特色核心圈课程是在兼职教师的指导或直接参与下完成研发的，有一些兼职教师还主动参与了授课。

2018 年，政治组的杨老师与上海繁锦律师事务所达成合作意向，基于学校提出的"在培育金融素养的同时提升金融风险意识"思想，共同开发并实施"金融法律与案例解说"课程。在课程研发之初，研发团队就明确了该课程要紧扣国家

"素质教育"之教育目的与学校金融素养培育的目标,基于学生身心发展的规律、特点及学生现有的知识结构,遵循由具体到抽象、由浅入深、由简到繁、由低级到高级,注重培养学生的逻辑思维能力与概括能力。比如在每一板块的课程设置上,先通过具体的司法实践案例(简单的、学生可以接受的知识)引起学生的兴趣,再通过剖析案例来揭示法律规定(复杂的、概括性、逻辑性的知识)。同时要注重学科之间的融合性,明确开发的是一门金融与法律融合程度与黏合性较高的综合课程,以便学生在学习综合课程(即金融法律课程)时能够促进知识与技能、情感与态度的多元化发展与提升。

在课程实施过程中,兼职教师认识到金融法律课程的实施本质上是教师与学生在具体的教学情境中共同产生学习经验的过程。基于这样的认识,兼职教师坚持采取以案释法、小组讨论、模拟法庭等方式进行教学,以便实现教学相长。以案释法,即通过实际案例来引导并揭示法律规定内容,不仅能激发学生的学习兴趣,还有助于学生掌握金融法律知识,培养金融法律情感。小组讨论不但能够发挥学生的主动性、积极性,而且有利于培养学生的独立思考能力和口头表达能力,促进学生灵活地运用相关知识。模拟法庭是一种情景式教学,让学生通过扮演法官、人民陪审员、书记员、原告、被告及诉讼代理人等不同角色,将认知与情感、活动与环境、学习与应用有机结合,从而对法律专业形成初步的认识,对不同的法律职业产生直观的认识,这对学生今后的职业选择(如高考后填报志愿)有一定的帮助。此外,模拟法庭中的案件知识是就之前课程学习过程中部分知识的运用,这种方式有利于引导学生在理解的基础上牢固地掌握知识和技能,长久地保持在记忆中,并在日后根据需要迅速再现出来。在杨老师的主导下,兼职教师充分发挥其律师的专业性,大大提升了课程的含金量。

(二)为学校师生开设金融类讲座

为了更好地普及金融基础知识,从2018年开始,学校每学期都会邀请两位兼职教师利用周五下午校会课的时间为高一学生作金融讲座,授课教师往往结合自己所从事行业的具体案例来为大家介绍证券、基金、保险、金融廉洁文化等内容,深入浅出的讲解让人深受启发。

例如,陆家嘴国泰人寿保险有限公司的张老师曾经作过一次"保险实务"主题讲座，他从共同海损分摊制度讲起，介绍了保险的起源与发展，又从伦敦大火讲到"现代保险之父"巴蓬和"重疾险之父"巴纳德，这些生动的故事深深地吸引了同学们的注意。随后，张老师讲解了保险合同中的基本概念、保险产品的五大要素、保险的安全属性。在引导同学们了解投保条件时，张老师还引用了这样一个案例：2019 年 3 月 15 日，张女士为其丈夫李先生购买了 20 万保额的重疾险，缴费期为 20 年，年缴保费 6395 元，身故受益人是他们的儿子乐乐。张老师讲到的保险"诚信"五部曲也给同学们带来了很大的启发。讲座结束后，不少同学还意犹未尽地围着张老师提问。比如高一（10）班的单同学问张老师："上海作为经济发达的临海城市，您认为它的海上保险行业是否有独特之处呢？上海最近要建设国际航运中心，您认为海上保险业在其中发挥了什么样的作用呢？"对此张老师都进行了耐心的回答。

也有一些同学在讲座结束后写下了自己内心最真实的感受。高一（7）班的李同学说："保险是对于风险的一种财务弥补和补偿。简单地说，保险是一项以诚信为原则的行业，在此基础上，利己利他和谐统一，为人民的安心生活铸造了坚实的后盾，极大地保障了人民利益。作为中学生的我们也应该培养保险意识，对人生风险进行有效管理，居安思危，未雨绸缪，方能运筹帷幄。"高一（4）班的张同学写道："保险作为我们生活中不可或缺的一部分，像一把无形的保护伞，随时帮我们遮挡意料不到的风雨，也时刻保障着我们的安全。"校外兼职教师开设的金融类讲座，有效帮助学生掌握了一些基础的金融知识，提高了一些金融能力，同时使他们体验了金融活动，见识了金融世界，思考了金融与社会、生活的关系。

（三）指导并参与学生的金融实践活动

兼职教师团队还活跃在学校组织的各种金融实践活动中，从每一个细节入手，全方位地给予学生点拨、启发。

例如，学校结合"走进金融博物馆"这一特色课程，积极联系中国证券博物馆、期货博物馆、银行博物馆、中国银行行史馆等校外金融机构，邀请这些机构的兼职教师带领学生参观，为学生讲解展品信息，指导学生对感兴趣的展品进行拍摄、记录等。兼职教师们往往能够围绕一件件展品讲述出一个个生动的小故事，让同学们在不知不觉中受到金融文化的熏陶。

再如为了提升学生的职业体验感，学校组织了"未来小金融家"面试实践活动。这项活动模拟了银行、证券公司、基金公司、保险公司等金融单位招聘的场景，邀请东昌金联的一些兼职教师担任面试官，对报名参加招聘的学生进行面试。面试官们按照面试流程一一向应聘者提问，应聘者也很认真地进行回答，最后面试官还对每个应聘者的表现给予点评，让学生们明白自己在应聘过程中哪些表现是可取的，哪些还需要改进，这样真实的互动经历无疑是兼职教师给学生上的最好一课。兼职教师的着装、礼仪、谈吐、做事态度，尤其是深厚的专业素养都给学生们留下了深刻的印象，让他们明确了成为一名金融专业人士所应努力的方向。

第六章

基于框架，深研素养测评

金融素养测评在高中教育评价体系里没有现成的标准。能否依托金融素养培育框架和金融素养培育工具来测评学生的金融素养？如何采用 PISA 测评框架，以认知测试与问卷相结合的方式命制财经与金融素养测评试题？如何基于测评框架创设生活情境，改进财经与金融素养测评试题？为解决上述这些问题，东昌中学成立了基于金融素养培育测评研究的教师团队，基于框架，深研素养测评。

第一节　金融素养测评的经验借鉴

为了对近年来实施金融素养培育的效果进行测评，东昌中学于 2018 年成立了财经与金融素养测评研发团队。在上海师范大学朱小虎博士的指导下，教师团队学习了经济合作与发展组织（Organization for Economic Cooperation and Development，OECD）的 PISA 财经素养分析与测评框架。该框架的制定促进了各国对中学生财经知识和技能的研究，同时为解释测评结果及世界各国开展财经素养教育提供了有力依据。学校财经与金融素养测评研发团队因此就从学习 PISA 财经素养分析与测评框架入手。

一、PISA 财经素养分析与测评框架的引入

表 6-1　PISA 2022 财经素养分析与测评框架

评价领域	认知领域			非认知领域
	内容	过程	情境	
评价维度	货币和交易：认识金钱的不同形式和用途，有信心及能力处理及监察交易	识别财经信息：识别购买发票的特征，或识别银行对账单上的余额；使用复杂法律语言来定位；解释拖欠贷款后果的合同	教育和工作：理解工资单，计划为高等教育存钱，调查学生贷款的风险，参加工作场所储蓄计划	获取信息与财经教育

（续表）

评价领域	认知领域			非认知领域
	内容	过程	情境	
评价维度	规划和理财：具备监控收入和支出的知识和能力，以及在短期和长期内利用收入和其他现有资源以增进财务福利的知识和能力	分析财务资料和情况：识别金融环境中的关系，识别潜在金融背景	居家和家庭：购买家庭用品，记录家庭支出并为家庭活动制定计划	获取金钱与金融产品
	风险和回报：确认风险事件的发生，理解某些固有的风险信贷和风险资本等，理解应急计划，应用知识应急，知晓相关风险和回报的金融替代品，知晓可能有未知的风险	评估财经问题：解释某些财务决策的优点和缺点，将金融知识应用于相应的情境	个人：选择个人产品和服务，确保个人财务安全	消费态度
	金融前景：知晓监管和消费者保护的作用；有权利和责任的知识，并有能力将其应用；有理解金融环境的知识；了解财务风险和共享个人财务数据的含义；能运用对缺乏数据保护的金融风险的理解；了解和理解自己的财务决策对自己、他人和环境的影响；了解经济外部因素的影响	应用和理解财经知识：在金融环境中采取有效的行动，在复杂情况下进行简单的计算，认识到在特定环境中先验知识的相关性	社会：了解消费者的权利和责任，了解税收的目的，意识到企业的商业利益，理解金融影响社会、经济和环境	消费行为

　　为了引导更多国家和新兴经济体培养国民的财经素养，2019 年，经济合作与发展组织再次修订并发布了 PISA 2022 财经素养分析与测评框架。该框架的设计包含认知领域和非认知领域，其中认知领域又分为内容、过程、情境三个维度，具体内容如表 6-1 所示。

　　（一）财经素养的内容领域

　　财经素养的内容领域是指学生完成一项特定任务而必须掌握的知识及对基础知识的了解情况，包括货币和交易、规划和理财、风险和回报、金融前景四个部分。

　　1. 货币和交易

　　该部分包括了解不同货币形式的用途及管理方式，货币类型涵盖了数字货币和外币，使用方式包括移动或在线支付等。主要关注与个人经济生活相关的各类主题，如每日开销、消费行为、消费合算度、银行卡、支票、银行账户及现金等。例如，下面的题 1 主要考查学生对消费合算度的理解，其中 Zed 是虚拟货币单位。

题 1：在市场[①]

市场里散装西红柿售价每千克 2.75Zed，还有一种西红柿是一整筐 10 千克 22Zed，因此买一整筐西红柿比买散装西红柿要划算。请给出原因。

---

2. 规划和理财

该部分包括短期和长期支出财富所做的计划，反映了监测、管理和规划收入及支出的过程，以及了解增加财富和财务福利的方法，了解投资产品的利益及风险等。例如，教师可以围绕对余额宝本质的认识来命制相关试题，题目可涉及余额宝是什么投资产品，属于储蓄、债券还是基金，从而了解学生对投资产品的认知情况。

3. 风险和回报

该部分是财经素养的一个关键领域，包括识别平衡和覆盖风险的方法、在不确定的情况下管理财务的能力以及对财务收益或损失的理解。题目可涉及如何使投资风险最小化、多样化投资的益处与回报、不同信用卡的类型、拖欠账单及信用协议的后果等。

4. 金融前景

该部分包括对经济条件和公共政策变化的理解，如利率、通货膨胀、税收、可持续性的环境目标或个人、家庭及社会福利的变化。题目可涉及金融产品合同的重要性、如何有效选择金融产品、哪种金融产品值得信赖、如何分辨金融产品是否合法等。例如，下面的题 2 旨在考查学生对金融诈骗的了解情况，其中 ZedBank 为虚拟银行。

---

① OECD PISA 2012 Financial Literacy Assessment Framework [R]. OECD Publishing, 2012: 13, 30, 17.

题2：银行出错 [1]

David 在 ZedBank 开设了账户，有一天，他收到了一封电子邮件。邮件内容如下：

亲爱的 ZedBank 会员：

本银行因服务器出错，导致您的网上银行登录信息遗失。因此，您暂时无法登录本行网上银行。最重要的是，您账号的遗失导致您的账号处于十分危险的境况。为了保证您账户的安全，请点击本行网上银行网址（https://ZedBank.com/），依照操作步骤提供您的账号信息并重设您的账号。

问题：如果 David 找你求助，你认为以下三条建议可行吗？请给出你的答案。

建议1：给邮件回信并提供个人账户信息。——可行／不可行

建议2：与 ZedBank 客服联系，咨询收到的邮件。——可行／不可行

建议3：如果网址与银行网址一模一样，那可以打开网站并按照步骤进行操作。——可行／不可行

（二）财经素养的过程领域

财经素养的过程领域是指学生识别和应用领域相关概念的能力，以及理解、分析、推理、评估和建议解决方案的能力，包括识别财经信息、分析财务资料和情况、评估财经问题、应用和理解财经知识四个部分，第一、二部分可合并为识别和分析财经信息。

1. 识别和分析财经信息

识别财经信息是指个人搜索和访问财务信息的来源，并识别或确认其相关性。分析财务资料和情况是指对信息文本中合同、广告、图表、说明和任务中的金融术语进行分析。例如，教师可以为学生提供两份移动电话购买合同，要求学生对这两份合同进行比较分析，或为学生提供一份贷款广告中，要求学生分析贷

① OECD PISA 2012 Financial Literacy Assessment Framework［R］. OECD Publishing, 2012：13，30，22.

款广告中可能存在的未说明的潜在条件。

2. 评估财经问题

该部分侧重于分析财务信息以识别金融环境中的关系，如识别贷款偿还和利息、保险的影响因素等。例如在题1的基础上，教师可以向学生提出虽然买一整筐西红柿比较划算，但是为什么对有些人来说在经济方面这并不是一个好的决定呢？

3. 应用和理解财经知识

应用和理解财经知识的重点是在金融环境中采取有效的行动。这个过程反映在解决问题的任务中，包括执行简单的计算和对多种情况的考虑。运用财经知识与理解力对学生的财经素养要求最高，学生必须在识别财经信息、分析财务资料和情况、评估财经问题的基础上，运用以往的财经知识与理解力有效解决特定情境下的相关经济问题。这一过程涉及学生的计算能力、解决问题的能力以及多角度思考的能力等。[①]

（三）财经素养的情境领域

财经素养的情境领域是指在各种情境中评估学生的财经素养，因为财经类决策通常取决于所处的环境，包括教育和工作、居家和家庭、个人、社会四个部分。

1. 教育和工作

该部分包括理解工资单、计划为支付高等教育而存款、调查学生贷款、规划自己的职业生涯等一系列财经计划。学生在不久的将来就要步入社会参加工作，因此可以考虑一些工作情境。

2. 居家和家庭

该部分是指一个家庭所涉及的有关财务的问题，可能包括购买家庭用品、记录家庭支出并为家庭活动制定计划等。通过了解与持家相关的各类经济生活，学生能够了解家庭经济事务的运作，并为以后独立生活打下基础。

3. 个人

该部分是指在个人理财中做出的满足利益的决定及承担的风险和责任，涵

---

① 覃丽君，张妍. PISA财经素养测评：背景、框架及启示［J］.天津教科院学报，2017（2）：63-66.

盖了个人决策的过程，以及认识到确保个人财务安全的重要性，例如确保个人信息安全及对不熟悉的产品保持谨慎。①

4. 社会

该部分是指金融投资决策越来越多地纳入环境、社会和治理方面的因素，目的是促进可持续的经济增长和提高对金融系统可持续性影响的风险的认识，如群体习惯、政府税收、通货膨胀等。因此，个体也需要了解相关社会经济事务。

PISA 财经素养分析与测评框架体现了世界上最优秀的财经教育和测评专家对学生财经素养的测评思想，其基于学生应用财经知识和能力解决现实世界中财经问题的评估视角尤其值得借鉴。

二、OECD/INFE 青少年财经素养核心能力框架的启示

2015 年，经济合作与发展组织财经教育国际网络（OECD/INFE）发布了青少年财经素养核心能力框架（Core Competencies Framework on Financial Literacy for Youth），对 15—18 岁青少年真正安全参与经济和社会生活所需要掌握的基本的财经素养进行了描述。这一框架基于学生应掌握的核心素养来建构，旨在提供一个跨越国家教育体系的应用性框架。同时，这一框架也纳入了消费者权益保护的内容，目的在于让青少年拥有更强的财经行动力。这一框架具有三个明显的特征：一是适用于处于不同发展阶段国家中的 15—18 岁青少年；二是宏观的、基于结果的（不是一门课程，也不描述课程的具体内容）；三是具有前瞻性，考虑到未来年轻人的需求。

具体来说，这一框架主要从货币与交易、理财计划与财务管理、风险与回报、金融环境四个部分来规定财经素养的内容领域，每部分又从"意识、知识和理解""信心、动力和态度""技能和行为"三个维度作出具体规定。

以货币与交易这一内容领域为例，它包括货币、收入、支付与购买、价格、

---

① 刘晶晶. PISA2022 财经素养分析与测评框架：分析与启示［J］. 广东第二师范学院学报，
　2021（41）：82−83.

金融记录与合同、国外货币六方面。在国外货币这一方面，主要从"意识、知识和理解"和"技能和行为"两个方面进行描述，如表 6-2 所示。

表 6-2　青少年财经素养核心能力框架对"国外货币"的基本结果描述 [①]

意识、知识和理解	技能和行为
意识到其他国家使用（与他们自己不同的）其他的货币 知道应该去哪里兑换货币 知道汇率会有一些波动 理解在交换货币时经常发生成本，并且这可以由提供者改变 理解汇率变动是由经济因素引起的 了解汇率变动会对国内购买商品的成本产生影响	可以用外币支付现金（必要时） 可以使用汇率将不同货币的金额转换成本国货币 能够考虑外币购买的决定

　　相对而言，青少年财经素养核心能力框架具有非常强的针对性。一方面，15—18 岁的青少年在心智上趋于成熟，即将作为法律意义上的完全公民参与社会，对这一阶段青少年的财经素养进行框架性描述实际上体现了为成人生活做准备的特定意义。也就是说，作为一个合格的公民，这些内容是基础的、必需的。另一方面，这一框架结构完整，内容全面，描述详尽，对于开发相关的测评工具极具借鉴价值。

---

① OECD. OECD/INFE Core competencies framework on financial literacy for youth［EB / OL］.（2015-11-16）［2021-01-07］.http://www.oecd.org/daf/fin/financial-education/Core-Competencies-FrameworkYouth.pdf.

第二节 金融素养测评的东昌探索

在专家的指导下，东昌的教师团队充分学习 PISA 财经素养三维框架及国外金融素养教育相关内容，对 PISA 财经素养测评的题目有了一定了解。此外，教师团队还着重研究了《中国财经素养教育标准框架》，进而思考学校的财经与金融素养测评应该在什么样的框架和标准下进行。

一、搭建金融素养测评框架

财经与金融素养测评研发团队在综合比较的基础上，梳理了既能体现东昌中学金融素养培育目标，又能融合国内外财经和金融素养测评理念的测评框架。在这一过程中，研发团队主要关注如何将 PISA 的测评框架融入东昌的财经与金融素养测评，教师们认为对学生财经和金融素养的测评至少要包括财经知识和理解力、财经思维和技能以及财经态度和价值观这三个基本要素。

为什么考虑将 PISA 财经素养分析与测评框架作为搭建的模板呢？

首先，PISA 以学生应用知识和技能解决实际问题的能力为评价方向，这与我国学生核心素养的培育方向一致，也与东昌中学希望借助金融素养培育促进学生全面发展的教育追求一致。

其次，PISA 财经素养分析与测评框架与东昌金融素养培育目标之间存在很大的兼容性。PISA 从评估的角度出发，以知识内容、能力维度和问题场景三个方面来构建认知评估框架，通过调查问卷了解学生的理财行为、习惯和态度，从而对学生个体财经素养形成全面的了解。东昌中学从培养"三会一有"的育人目标出发，构建了"金融知识与能力""金融思维与方法""金融意识与态度"三维金融素养培育目标体系，两者在本质上是相一致的。

最后，经过全世界几十个国家和地区的检验，PISA 财经素养测评已得到了广泛的认可，并且形成了一系列可供借鉴的样题。对于缺乏相关评估经验的学校研发团队来说，PISA 财经素养测评是可贵的学习和参考资料。通过把 PISA 评估的理念、方法和实践融入东昌的财经与金融素养测评，研发团队的工作将事半功倍。

当然，东昌中学财经与金融素养培育框架与测评框架不能完全等同。学校金融素养培育特色课程系统作为辅系统与国家课程主系统融为一体，其培育方向最终都指向学生的核心素养和全面发展。然而，金融素养测评的实施必须要有明确的测评框架，这一框架必须体现金融素养本身的特定知识能力、思维方法和意识态度。因此，研发团队在搭建金融素养测评框架时既要努力体现培育框架，又要紧密围绕金融素养的特征。

表 6-3 呈现了东昌中学财经与金融素养测评三维框架。这一框架在第一轮测评后进行了微调：一方面是对各领域的名称进行了修改，使其涵盖的内容更广，与学校金融素养培育目标更一致；另一方面是对"金融意识与态度"维度的内容和顺序进行了调整，使其内部逻辑更加清晰，与问卷相关内容更契合。

表 6-3　东昌中学财经与金融素养测评框架

金融知识与能力	金融思维与方法	金融意识与态度
规划和理财	识别财经信息	消费储蓄倾向
风险和回报	分析财经信息	金融风险意识
货币和交易	评估财经问题	金融参与意愿
金融大视野	应用财经知识	责任担当意识

其中，"金融知识与能力"主要按金融与财经的内容领域来划分，包括规划和理财、风险和回报、货币和交易及金融大视野，其内涵可参考 PISA 财经素养分析与测评框架的相关内容。

"金融思维与方法"主要对应 PISA 财经素养测评的过程维度，包括识别财经信息、分析财经信息、评估财经问题和应用财经知识，贯穿财经和金融问题的解决过程。

"金融意识与态度"包括消费储蓄倾向、金融风险意识、金融参与意愿和责任担当意识。与前两个维度主要通过试题进行测评不同，这部分内容还通过问卷调查来进行测评。

可以看出，这一框架的前两个维度与 PISA 财经素养分析与测评框架基本一致，第三个维度"金融意识与态度"与金融知识和金融思维有交叉，但又具有其独特性。在各维度的具体内容上，团队还大量借鉴了 OECD/INFE 和《中国财经素养教育标准框架》。

二、研发金融素养测评工具

在教师团队的努力下，东昌中学研发出适合学校特点的金融素养测评工具——"高中生财经与金融素养测评"试题本，对金融素养培育的实施效果进行客观评价。

（一）金融素养测评工具内容

为了全面了解学生的金融素养水平及相关财经行为特征，为学校今后的金融素养培育提供决策启示，团队采用了认知测试与问卷调查相结合的测评工具。同时，随着时间的推移，学校提出了基于计算机平台的财经与金融素养测评，并逐步尝试开发更具互动性和真实性的题目，以计算机模拟的方式来对学生的金融素养进行更准确的评价。

（1）认知测试

在认知测试方面，团队历经四年，研发了"高中生财经与金融素养测评"试题本。测评试题库涵盖了货币和交易、规划和理财、风险和回报、金融大视野四个内容领域和识别财经信息、分析财经信息、评估财经问题、应用财经知识四个能力方法维度。测试题目分别考查学生不同的财经能力，且题目的情境来自多个场景。按照难度和题型，题目分别被划入 A、B、C、D 四个模块，按顺序轮转，共形成四套试题本，不同模块出现在试题本的不同位置。

（2）问卷调查

为更好地了解影响学生金融素养水平的因素，以及学生在金融思维与方法、金融意识与态度等方面的情况，团队制定了高中生财经与金融素养调查问卷。

该问卷主要分为两个部分。第一部分主要是为了了解学生个人及其家庭成员的相关信息，包括学生个人基本信息、父母学历、家人是否从事金融工作等。第二部分主要对学生个人赚钱和理财知识进行调查，包括学生接受财经教育的情况、学生获得财经经验的情况、学生的消费倾向、学生的个人消费习惯、学生的储蓄习惯、学生拥有金融产品的情况、学生进行金融活动的信息等。

（二）金融素养测评工具研发过程

金融素养测评工具的研发经历了较长的时间。

认知测试和调查问卷的开发均经历了框架讨论和设计、题项设计与修订、实验测试和反馈，最终形成了基于纸笔和基于计算机的四个测试模块轮转的四套试题本和一套由背景信息和财经态度行为构成的问卷。

第一步：基于PISA财经素养分析与测评框架，参考澳大利亚、美国、英国等国的具体框架，结合上海现行财经教育内容进行设计，形成东昌中学财经与金融素养测评框架，并予以细化。

第二步：召集政治、数学、语文、历史等多个学科的教师，由朱小虎博士进行框架解读和分析，教师选择具体的命题领域；同时，邀请相关专家开设"PISA命题方法"讲座，对财经与金融素养测评命题开发进行解读和培训。

第三步：开展第一轮命题工作。各命题教师分头收集本领域题目，完成每个领域约5个单元12道题目的设计。

第四步：对第一轮命题进行集中讨论和评估。朱小虎博士召开会议，对每位教师命制的题目进行充分的讨论，耐心地提出修改意见。在讨论题目的过程中，命题教师逐步理解了财经与金融素养测评题目的特点，并在此基础上进行第一次修订。

第五步：开展第二轮命题工作。各命题教师分头收集本领域题目，完成每个领域约5个单元12道题目的设计。

第六步：对第二轮命题进行集中讨论和评估。朱小虎博士提出修改意见，命题教师进行修订。

第七步：命题教师适当补充新题，并对题目进行修订、打磨，形成可用于试测的试题本。

第八步：进行测试。在学校中选取 60 位学生对试题本进行试测。

第九步：试测数据分析。根据试测结果，对题目难度、区分度等相关指标进行分析。

第十步：试测结果反馈及题目修订。根据试测数据对题目进行修订，形成可用试题本，同时完成计算机平台的开发。

最后，将该测试所有题目按难度水平（即领域特征）划分到四个模块中。题目呈现顺序以模块为单位进行轮转，形成四种测试组合。学生会随机分配到任何一种测试组合，这样可保证所有测试组合都有学生来完成。

目前，经过持续四年的开发，东昌中学高中生财经与金融素养测评已经形成试题库，并建立了专门的网络测试平台。经过几轮测试，试题信度良好，难度适中。同时，该测评开创了国内学生金融素养测评的先河，测评报告也获得第六届上海市中小学幼儿园运用调查研究方法优秀成果奖一等奖。

三、研制金融素养测评试题

2022 年正值第四轮财经与金融素养测评试题命制。经过前三轮的积累，学校财经与金融素养测评已经形成了基于计算机的试题库。为了增加试题的数量，提升试题的质量，也为了借此更好地在任务驱动中提升教师的金融素养水平和特色育人水平，财经与金融素养测评研发团队每年都会命制新试题，并对测评工具进行改进。2022 年命题团队的教师涉及数学、地理、英语、语文等多个学科。其中数学学科顾老师曾参与了第二、第三期财经与金融素养测评研发团队，在新的团队中可作为经验丰富的引领者。

每次测评工具的改进都会引发教师团队的热烈讨论。例如：2022 年的讨论中，数学学科王老师从生活实际出发对命题进行修订，以房贷、盲盒和游戏账号的网上销售入手，注重情境的真实性；地理学科蔡老师的命题内容主要分为理财和个人所得税两大方面，素材取自日常生活；地理学科焦老师修订命题时，首先基于 OECD 测评框架，其次确定各题目所属的命题领域，最后确定情境；语文学科陆老师从网易云、双十一等热门话题出发，整合了各单元的命题逻辑；英语学科朱老师则以线上线下诈骗、教师工资单和疫情期间团购现象为题干，密切联系当下生活；数学学科顾老师引入了增值税和税收改革政策，通过层层铺垫让学生体会税改带来的切实利益。

经过讨论，每位教师对测评试题的命题原则有了一定的了解，对命题思路有了切实的体验，大家开始有意识地关注身边的财经生活，命题情境设计中具体真实的场景更多了，场景类型也更丰富了。

专家对教师们的命题逐一作出有针对性的点评、指导和回应。朱小虎博士指出：老师们不但要了解某道题的命题亮点在哪里，还要知道命题改进方向是什么，更多地熟悉一些命题原则，比如把计算变简单，将财经变复杂，命题表达要简洁且直击问题核心，命题单元要呈现背景且与后面所有问题相关，可以用场景中的具体素材来代替文字表述等。

在专家的引领下，教师们在命题的过程中更加注重考查学生的金融素养，考虑到学生实际的金融素养能力和理解能力，将情境设计得更加生活化、具体化，如对一些专有金融术语进行解释，加入一些口语化的用词，从而拉近和学生的距离等。逐渐地，教师们领会了基于情境的、基于生活的、素养指向的命题应该是怎样的。

东昌中学财经与金融素养测评的命题特点可归纳为以下几方面。

1. 遵循测评框架模型构建试题库

东昌中学财经与金融素养测评的命题基于框架分为内容、过程和情境三个维度，每个维度分为四个类别。命题的设计须严格遵循测评框架，即测评题目一定要能够在框架下阐明设计意图。

刚开始接触命题任务时，有的教师过于看重情境化、生活化的命题要求，结果命制的很多题目脱离了金融素养测评框架的内容，题目要么与金融素养无关，要么脱离学生实际，难度太大。在专家的指导下，教师团队重新阅读金融素养测评标准框架,对每一个特定的能力范围进行仔细研究,严格遵循这一测评框架和标准来命题。

将每道题目根据设计意图归类为唯一的内容类型、过程类型、情境类型,这样有助于教师对学生的作答进行汇总,具有较强的可操作性。

2. 注重命题情境生活化、真实性

PISA 财经素养测评试题的开发设计具有一个特点,即每道题目前都出现"引导文本"。"引导文本"所呈现的情境都来源于现实生活,从而实现了情境的生活化、真实性。以下面这套与信用卡相关的题目为例。

第一次命题:

信用卡最低还款额 = 消费金额的 10% + 其他各类应付款项

免息期:银行明确规定每月某一天为免息还款截止日,免息期就是银行记账日至截止日的时间。

秦先生的信用卡账单日为每月 10 日,到期还款日是每月 28 日。3 月 10 日银行为秦先生打印的本期账单中仅有一笔消费——2 月 25 日,消费额为人民币 2000 元(假设 2 月以 28 天计)。根据材料回答:

1. 秦先生的最低还款额为_____元。

A. 2000　　　　B. 1000　　　　C. 500　　　　D. 200

2. 如果秦先生在 3 月 28 日前全款还款 2000 元,那么 4 月 10 日对账单的循环利息为_____元。

A. 0　　　　B. 20.2　　　　C. 35.2　　　　D. 48.2

3. 秦先生此次消费的免息期为_____天。

A. 28　　　　B. 32　　　　C. 48　　　　D. 50

4. 超额透支,从_____起支付透支利息?

A. 免息日过后起　　B. 一个月之后　　C. 40 天后　　D. 透支之日起

第一次命题时,教师单纯从知识点出发,点对点地对学生的金融知识进行考查。这类题目显然不符合金融素养测评的要求。后来经过修改,教师选取了日常生活中一张真实的信用卡对账单,只保留其中需要用到的数据。根据这一情境设置题目,整体感觉就会非常生活化。以下是修改后的题目:

信用卡对账单

秦先生的电子信箱在 5 月 21 日收到一张信用卡电子对账单。

信用卡账务信息：			
账号：628268******5442　账单周期：20180421-20180520　到期还款日：20180614			
币种	本期应还款额（欠款为-）	最低还款额（欠款为-）	使用额度
人民币	-2820.00	-200.00	20000.00
账务明细			
币种	上期余额（欠款为-）	本期新增应还款额	本期已还款额	本期账号余额（欠款为-）
人民币	-2820.00	2000.00	2820.00	-2000.00
交易明细			
交易日	交易摘要	交易地点	交易金额/币种	入账金额/币种（欠款为-）
20180421	消费	上海市永秀商城	520.00/元	-520.00/元
20180428	网上消费	支付宝，上海多利	1300.00/元	-1300.00/元
20180515	约定还款		2820.00/元	-2820.00/元
20180518	跨行消费	上海千橡文化发展公司	180.00/元	-180.00/元

很明显，修改后的题目注重生活中的情境呈现，更具有真实性。

3. 注重考查面向未来生活的能力

PISA 财经素养分析与测评主要不是为了检测学生掌握了多少金融知识，而是为了测评学生整合知识、解决实际问题的能力，即基于素养的测评。以下面这道题目为例。

因为浦发银行离家最近，所以小庄准备把 5000 元压岁钱存入银行三年。他了解到，存入银行定期一年和存入银行定期三年因为年利率不同，获得的收益也不同。如果你是小庄，你会选择哪种储蓄方式？请说明理由。

这道题目是在第一轮命题中编制的，很显然考核目标指向学生对单利和复利公式的使用，这明显不符合金融素养测评的要求，过于注重知识点。这就要求命题教师突破原有的思维定式，思考题目要考查学生什么能力。这道题目的主要目的是让学生对储蓄过程中存一年和连续存三年的优劣势进行对比，从而在以后的生活中能够做出符合自己实际情况的选择。学生需要思考小庄选择存一年和选择连续存三年的原因分别是什么，以及后者有什么样的风险。

以下是修改后的题目：

小庄打算将压岁钱存三年定期，他说："这样做尽管可能有些风险，但正常情况下获得的利息最多。"

小庄说的"风险"最有可能指的是什么？（请只勾选一个选项）

A. 定期存款不能提前提出

B. 定期存款提取会损失利息

C. 可能会遇到大规模通货膨胀

D. 银行存款利率可能出现变动

金融素养测评考量的是学生的金融素养，考查的是学生面向未来生活的能力，突出的是学生实际的金融素养能力和理解能力，而不是简简单单的文本阅读能力或计算能力。以下面这道题目为例。

在上海地铁"刷码过闸"试运行初期，Metro 大都会 App 将联合支付宝和银联推出优惠活动。选择支付宝支付的用户在活动期间使用先乘车后付费方式，可以享受首单免费，最高免 5 元；同时，每天还可以享受两笔 8 折优惠，每笔最高减 3 元。选择银联支付的用户在活动期间使用银行卡刷码乘地铁，每天可享受两次"笔笔减 2 元"优惠。

某教师的手机里既有银联支付也有支付宝支付。她每天乘 6 号线从华夏西路地铁站到世纪大道换乘 2 号线到东昌路地铁站，每天往返两次，票价为 4 元。请问：该教师如果使用 Metro 大都会 App 乘车，使用哪种支付方式更划算？请说明理由。

这道题目的"引导文本"可以说是比较生活化的，但整体来看过于复杂，无形中增加了学生的阅读量，这显然不是测评的初衷。测评测的主要是学生的金融素养，而不是学生的读题审题能力。后来教师对此进行了修改，以表格的形式突出重点，清晰明了。以下是修改后的题目：

在上海地铁"刷码过闸"试运行初期，Metro 大都会 App 将联合支付宝和银联推出以下优惠活动：

支付宝支付	每天可享受两笔 8 折优惠，每笔最高减 3 元
银联支付	每人每天可享受两次"笔笔减 2 元"优惠

某教师的手机里既有银联支付也有支付宝支付。她每天乘 6 号线从华夏西路地铁站到世纪大道换乘 2 号线到东昌路地铁站，每天往返两次，票价为 4 元。请问：该教师如果使用 Metro 大都会 App 乘车，使用哪种支付方式更划算？请说明理由。

修改后的题目仍存在一个问题，即 Metro 大都会推出的优惠政策应该是限时的，可见"引导文本"并不严谨。在专家的指导下，教师又进行了相应的修改。每一次修改都体现了命题要严格符合学生真实的生活情境，注重考查学生在生活中解决问题的能力。

以下是修改后的题目：

为吸引更多的顾客使用手机应用 Metro 大都会的刷码过闸功能，Metro 大都会 App 将联合支付宝和银联推出以下限时优惠活动：

支付宝支付	每天可享受两笔 8 折优惠，每笔最高减 3 元
银联支付	每人每天可享受两次"笔笔减 2 元"优惠

问题：高中生小刘每天乘坐地铁往返学校，单程票价为 4 元。哪种支付方式比较划算？请说明理由。

4. 强调客观化的多维阅卷编码规则

金融素养测评的开放题评分借鉴 PISA 的编码方法。PISA 用编码代替通常的"评分"，通过为学生的回答赋予不同的代码来予以区分，再通过项目反应理论的方法估计出不同回答所代表的能力值。具体来说，PISA 测试中，整个编码的制定过程是一个将定性分析和利用测量模型进行定量分析相结合的过程，其思维是多维的。PISA 测试中的开放型试题因答案具有多样性，可在工具开发的试测阶段,尽可能地将学生的可能答案进行收集、归类,形成编码指导手册。这样做可以避免测评结果被教师在阅卷过程中过多的主观因素所干扰。每一道题目的编码结果都由分数等级标签、代码编号、代码描述、典型样例四个基本要素构成。

分数等级标签通常包括"满分"和"零分"(有的题目还包括介于两者之间的"部分得分")。之所以这样设计,是因为一些题目本身并没有正确答案,编码主要建立在学生对所关注话题的理解程度上。另外,得"满分"的答案也不一定是完全正确或完美的答案。分数等级的划分更多取决于学生在多大程度上能够证明自己具有回答该问题的能力;对学生而言,重要的是如何准确地理解问题,并找到合理的解决方法,如果一味地追求标准答案,学生的思维和创造力在潜移默化中会被限制和禁锢。

代码编号即分数等级所对应的代码,是根据学生作答所赋予的。PISA 测试的主观题中,有的题目的分数等级仅包括"满分"和"零分",通常情况下"满分"代码为"1","零分"代码为"0"。有的主观题的分数等级还包括"部分得分",则"满分"代码为 2,"部分得分"代码为 1,"零分"代码为 0。除此之外,代码编号还包括特殊代码"9",用于标记学生没有回答该题目,即该题目作答区域空白且无任何作答痕迹的情况。该代码应与错误答案代码"0"严格区分。PISA 认为"没有回答"和"零分"在评价学生能力上是有区别的。"没有回答"可能是没有时间作答,通过数据可知,若大批学生没有时间完成整张卷子,建议对试题进行调整,缩减题目数量;也可能是学生没有理解该题目而直接进入了下一题,应将此反馈给命题人员,以确定题目的表述是否清晰,是否会影响考生对题意的理解。"零分"则表明学生有作答的痕迹,即学生尝试去回答但没有成功。以下面这道题目为例,教师在收集学生答案的基础上形成了编码指导手册。

借条

刚刚工作的李明因为手头拮据,向朋友王杰借了 1 万元,并约定一年后按银行一年期固定利息归还本息。王杰请李明写一张借条给他。

以下是李明写好的借条:

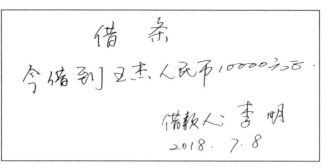

问题 1：王杰为什么要求李明写一张借条？

评分 1

满分　代码 1	零分　代码 0	代码 9
明确指出或暗示借条能证明李明和王杰之间存在借贷关系，并规定还款事项 证明李明借了他的钱 以后不还钱的时候有证据 这是证据	就是要写 因为他要写 ……	空缺

问题 2：王杰认为这张借条有问题，请至少指出其中三处问题，并说明理由。

评分 2

满分　代码 2	部分得分　代码 1	零分　代码 0	代码 9
明确指出或暗示人民币大写"壹万元"、年利率、还款期限、按手印等其中三个要素 没有写年利率、归还时间，也没有按手印 要写明利率，要大写，没有写时间期限	明确指出或暗示人民币大写"壹万元"、年利率、还款期限、按手印等其中两个要素 没有写年利率和归还时间 要大写，还有时间 时间和手印	仅写出一个或其他无关回答 利率 没问题	空缺

四、改进金融素养培育测评

教师团队经过不断的研究，形成了适合东昌中学学生金融素养测评的测试题和问卷，每次测评都力求在上一次的基础上作出改进。

第一次测评时间是 2018 年 9 月，测评对象是学校高一、高二全体学生，有效数据为 828 人，其中女生 450 人，男生 377 人，1 人未报告性别。经过多轮讨论和实验性试测，本次测评最终保留了 36 个单元 77 道题目，主要分析了不同年级学生金融素养水平的现状和年级之间的差异，并根据结果对学校的金融素养培育提出了改进建议。

第二次测评时间是 2019 年 12 月，测评对象是学校高一、高二全体学生，有效数据为 912 人，其中女生 462 人，男生 434 人，16 人未报告性别。在上一轮测评的基础上，教师团队继续开发测试内容，最终形成了包括 40 个单元 66 道题目的测试工具，并大大扩充了有关学生金融素养意识和态度的背景问卷内容。此外，团队还开发了专门的计算机测试平台，首次尝试采用纸笔和计算机相结合的方法实施测试。最终的测试结果表明，各类工具信效度良好，平台运行稳定。本次测评不仅分析了跨年变化，也比较了东昌与兄弟学校在金融素养培育和学生金融素养水平方面的差异。

第三次测评时间是 2020 年 12 月，测评对象是学校高一、高二全体学生，有效数据为 925 人，其中女生 462 人，男生 434 人，29 人未报告性别。此次测评工具采用 2019 年已完成的试题，重新修正完善了基于计算机的网络测试平台，对所有试题进行了基于四个模块的轮转设计，保证每道题目出现在测试不同阶段的可能性相当。本次测评选取了 33 个单元 68 道题目，教师团队对质量表现较差的题目进行了精简和调整，最终形成了一份包含 33 个单元 59 道题目的测试题。该测试信度良好，难度适中。本次测试重点进行了跨年度比较，多角度分析了三年来学校在金融素养培育方面的成效。

目前，学校财经与金融素养测评试题库已有 65 个单元 132 道题目，调查问卷包含 23 个问题组，共 91 个小问题。2021 年 12 月和 2022 年 9 月，学校分别对 2021 级高一学生和 2022 级高一学生进行了财经与金融素养测评的前测，并在测评结束后形成了新一轮测评报告。

第三节　金融素养测评的结果研究

一、金融素养测评结果分析

（一）总体表现

测评结果显示，学校高一、高二学生的总体财经与金融素养水平是比较高的。以 2020 年 12 月的第三次测评为例。为了更科学地测评学生的财经与金融素养水平，研究团队采取项目反应理论的方法对学生的财经与金融素养进行测评，得到每位学生的能力估计值。项目反应理论是以学生素质能力测评项目特征曲线和潜在特质等概念理论架构为基础，依据条件可行性假设，形成学生素质能力测评项目特征曲线。[1] 在中学生素质能力测评中，项目反应理论能够事先估计所测学生的素质能力范围内的估计标准差异和测评信息函数，然后从题库中选择所测素质能力数据题目，为中学生素质能力测评的个性化和统一化奠定了理论与实践应用基础。[2] 由于该能力估计值通常是一个以 0 为均值，上下 3 个标准差变化的分布，为了更容易理解，研究团队将其转换成平均分为 500 的分数。

从测试数据可知，东昌学生在金融素养上的表现呈正态分布，标准差为 88.0 分。学生之间成绩差异的全距达到 570 分，其中最高分为 697.7 分，最低分为 127.2 分。学生成绩第 10 百分位数为 359.0 分，第 90 百分位数为 582.7 分。按能力值正负一

① 王天祺. 基于项目反应理论的中学生素质测评应用研究［J］. 科技风，2018（30）：215-216.
② 彭苏勉，翟怀远. 大学生综合素质与能力测评体系研究及系统实现［M］. 中国经济出版社，2012.

个标准差的标准将学生成绩分为四个等级，分别代表优（562分以上）、良（474—562分）、中（386—474分）、差（386分以下）。如图6-1所示，全校有16%的学生处于优秀水平，达到146人。同样，有15.1%的学生处于能力水平低端，达到138人。

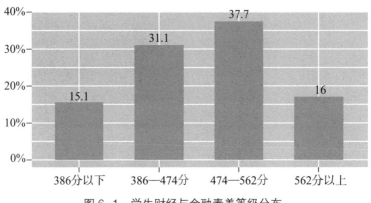

图6-1　学生财经与金融素养等级分布

（二）因素分析

1. 学生接受财经与金融素养培育的情况

如图6-2所示，78.3%的学生表示在学校开设的理财课程中学过理财，该比例远高于上海市平均水平。尤其是有91.3%的高二学生表示在学校开设的专门课程中学过理财，这说明东昌中学金融教育的覆盖面较广，对提升学生的金融素养有着巨大的作用。

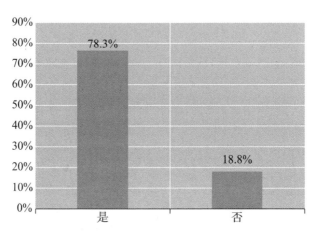

图6-2　在学校开设的理财课程中学过理财的学生比例

调查数据还显示，不同年级是造成学生财经与金融素养水平差异的主要因素。总体而言，有 75.1% 的学生表示在学校某一学科或特色课程中学过理财，24.9% 的学生表示没有。在这方面，高一和高二的学生差异巨大。如图 6-3 所示，有 61.4% 的高一学生表示学过，38.6% 的学生表示没有学过；而在高二，87.6% 的学生表示学过，仅 12.4% 的学生表示没有学过。这表明东昌中学将金融素养培育较好地融入了已有的课程体系，使绝大多数学生都获得了相应的学习体验。另外，38.5% 的东昌学生表示在校外实践活动中学过理财，61.5% 的学生表示没有。其中，高二学生在校外活动中学过理财的比例更高，达到 44.2%，远高于高一学生的 32.8%，这说明学校金融素养培育的校外实践活动丰富多彩。

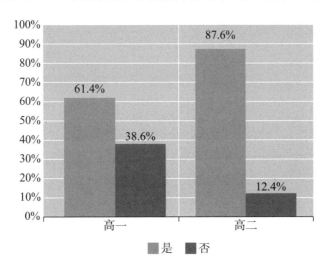

图 6-3 不同年级学生在学校某学科或课程中学过理财的比例

2. 学生对进行金融活动的信心

在学生对一般金融活动的信心方面，第三次测评的调查结果与第二次测评的调查结果几乎一致。如图 6-4 所示，学生对日常基本的金融活动，如支付账单、计划消费和跟踪银行账户余额都比较有信心，对那些较少接触的金融活动则信心不足。如仅有 36.8% 的学生对理解销售合同有信心，42.1% 的学生对理解银行单据有信心，而 52.6% 的学生对在银行填表有信心。

高中生即将成人并踏入社会，对他们来说，这些信心不足的活动实际上都是个人金融生活最基本的内容。这提醒学校在开设相关金融素养培育特色课程和活动时应该特别注意这些方面的内容覆盖和真实模拟，从而帮助学生树立信心，更好地处理此类事务。

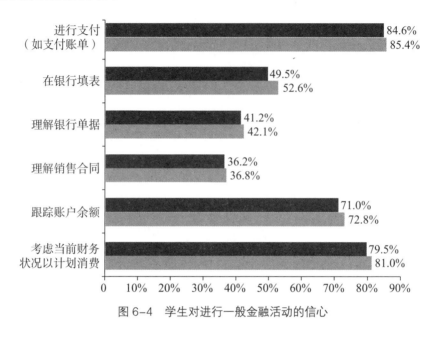

图 6-4 学生对进行一般金融活动的信心

如图 6-5 所示的单因素方差分析表明，对"进行支付（如支付账单）"有信心的学生比信心不足的学生拥有更高的金融素养；同样，在"跟踪账户余额"和"考虑当前财务状况以计划消费"两个方面有信心的学生的金融素养也更高。这表明，学生对常见金融活动越有信心，其金融素养往往也越高。

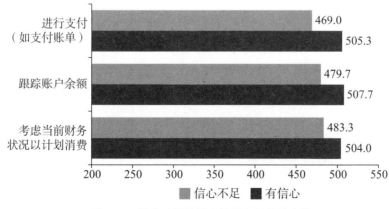

图 6-5 学生对相关行为的信心与金融素养

二、金融素养测评结果启示

（一）学生金融素养培育成效

随着金融素养培育的不断深入，东昌学子的金融素养表现突出，综合素养显著提升。

1. 学生积极参加各类金融类研究性学习活动

在学校研究性学习之风的引领下，学生参加金融类研究性课题的兴趣日益浓厚。同时，学校聘请相关金融专家为学生研究性学习活动的开展提供指导，使一部分优秀的学生从兴趣向志趣发展。

此外，学校还形成完善的评价方案，积极鼓励学生保持研究热情，评选出的校级优秀课题被推荐参加市、区青少年科技创新大赛及明日科技之星评比，市、区级奖项数逐年增加。

2. 学生学业水平稳中有升

金融素养测评分析报告结果显示，学生的语文、数学成绩均与金融素养表现显著正相关，特别是学生的数学成绩与金融素养相关程度更高。金融素养培育对学生的学业成绩有着积极的促进作用：学生不仅在金融知识与能力维度表现突出，在金融思维维度也有较大提升，系统思维、建模思维、关联思维、分析思维的发展使学生的学业水平显著提升。

近年来，东昌学子的综合素养显著提高，共有 844 人次在区级及以上竞赛获奖，团体获奖 65 项。

3. 学生生涯规划自觉有效

学校以文化浸润的方式促进学生自觉发展，通过各种主题活动、系列活动，为学生的个性生涯规划提供广阔舞台。在金融素养培育实施过程中发现，学生的金融素养得到了不同程度的提升，对职业的认识也有了一定的变化。近年来，选择报考经济类大学和专业的学生人数以每年 10% 左右的速度递增。

（二）金融素养培育特色课程开发和实施的建议

对四轮金融素养培育的测试结果进行分析后发现，金融素养培育对学生个人的财经与金融素养起到了推动作用。金融素养培育特色课程要与学生的现实生活紧密结合在一起，不能一味地强调课程的专业性，只传授专业的金融知识，而要把金融概念、知识和技能的学习融入真实的金融和财经问题的解决过程中。金融类课程的目标不是让学生掌握多少金融概念，而是让学生具有金融洞察力、金融思维和金融视野。同时，学校还要尽可能多地为有志于从事金融经济类专业的学生提供平台和机会，帮助他们在高中阶段打好基础，拓宽视野，培养对未来专业学习的良好领悟力。

在金融素养培育特色课程开发和实施的过程中，东昌人得到了以下启示。

1. 提升特色培育的效益

金融素养培育特色课程的核心价值在于满足学生的个性化发展需求，践行立德树人的根本目标。从学生的角度来看，特色的发展应更多地考虑学生的学习基础、学习兴趣，满足学生的多样化、个性化发展需求，为学生提供多类型的课程，提升特色课程的效益。对教师而言，提升专业发展是其内在需求，特色课程专业知识技能的学习、掌握，以及新课程开发、实施能力的提升等，都可以促进教师的专业化发展。总之，以金融素养培育为载体，将更好地促进东昌师生的全面发展。

2. 深化与高校合作教学的新模式

用好高校的人才资源、课程资源，是彰显学校金融素养培育特色的法宝。2018年，东昌中学与华东师范大学经管学部专业学位教育中心共同开设了旨在培养拔尖人才的"DC金融优才班"，专业的金融素养培育特色课程涵养了一批又一批东昌学子，进一步提升了学生的金融素养，深化了学生对当代金融学科及经济发展形势中热点问题的认知与思考，帮助学生逐步确立科学的财富观和理财观、具备基本的人生规划能力和职业意识。从学生的反馈来看，开启与高校合作教学的新模式，让优秀学生走近高校金融专业教师，让金融课程走进中学课堂，让学生在大学校园体验不一样的学习方式，取得了很好的效果。今后学校应深化与高校的合作教学，进一步丰富教学资源，创新教学组织形式和学习空间。

3. 携手社会企业搭建平台

东昌金联在学校金融素养培育工作中也发挥着重要的作用。近年来，学校不断加强与东昌金联各单位的合作力度，适当扩充东昌金联的成员单位，在合作的内容、方法和形式上不断追求新突破。除此之外，学校可以邀请更多企业经理、CEO 等行业精英为师生带来真实、生动的职场体验，丰富大家对金融素养培育特色课程的认知和体验。也可以通过相关企业平台，为理论学习提供实践的落脚点，让学生将学到的知识、经验灵活运用，这是检验特色课程学习效果的有效方式。

特色普通高中建设是现代教育发展规律的必然趋势，是新时代高中育人方式改革的基本要求。东昌中学的特色普通高中创建之路，是一条有理想、有趣味、有智慧、有情怀的"炼金"之路，身处其中的师生都满怀获得感、成就感和幸福感。学校十多年来稳健的探索之路，彰显了东昌人勇于回应新时代高中教育的使命和责任、勇于面对深化特色发展带来的瓶颈问题、勇于探索为学校特色建设提供专业支持的校本研究路径的精神，从根本上为学生提供更有选择性、更加个性化、更能培养核心素养的有特色的高中教育，为学生的生涯发展给予有益的引导，为学生未来的健康幸福生活助力。

特色高中创建时期，学校在育人模式建构、特色课程建设、教师分层分类培养、学生综合素质发展等方面取得了显著成效，赢得了令学生家长、令社会满意的良好口碑。进入特色建设 2.0 时代后，在以学生核心素养培育为导向的"双新"工作全面推进的大背景下，东昌人有了新的擘画和思考：从学校层面看，如何使五育融合与特色发展在课程中得到更好的规划和落实；从学生层面看，如何使全面发展与个性发展在课程实施中得到更好的体现和落实；从教师层面看，如何更好地培育和提升适应"双新"改革要求与学校特色发展的课程执行力。作为对思考的回应，学校将特色建设工作凝练为"强素养培育，提特色品质"，即以金融素养培育为轴，立足学科核心素养培养，注重两者的深度融合，落实学生正确的价值观、关键能力和必备品格的培养。

除此之外，我们还需要深入挖掘金融素养培育的内涵，将金融素养培育与培根铸魂、启智立人紧密联系起来。为此，学校形成了虚化金融知识、强化金融思维、提升金融意识的指导思想，将金融素养培育与国家课程更好地融合；同时，基于"双新"改革的要求，对特色课程群进行系统性和结构化架构，打造一批基于金融实验室的特色课程，通过金融素养培育这一支点更好地撬动学生核心素养的培育。我们的愿景是：通过重构金融素养培育特色课程全面推进"双新"工作，将东昌中学建设成在全国有影响力的学生金融素养培育优质特色高中。

宏图在前，不待扬鞭，东昌人已经行走在路上……

图书在版编目（CIP）数据

金融素养培育的东昌样式 / 薛志明著. — 上海：上海教育出版社，2023.4
（上海教育丛书）
ISBN 978-7-5720-1938-8

Ⅰ.①金… Ⅱ.①薛… Ⅲ.①金融学－教学研究－高中 Ⅳ.①G633.232

中国国家版本馆CIP数据核字(2023)第067030号

责任编辑　周琛溢
封面设计　金一哲

上海教育丛书
金融素养培育的东昌样式
薛志明　著

出版发行　上海教育出版社有限公司
官　　网　www.seph.com.cn
地　　址　上海市闵行区号景路159弄C座
邮　　编　201101
印　　刷　昆山市亭林印刷有限责任公司
开　　本　700×1000　1/16　印张11　插页3
字　　数　168千字
版　　次　2023年4月第1版
印　　次　2023年4月第1次印刷
书　　号　ISBN 978-7-5720-1938-8/G·1743
定　　价　45.00元

如发现质量问题，读者可向本社调换　电话：021-64373213